Heibonsha Library

文字講話 甲骨文・金文篇

平凡社ライブラリー

Heibonsha Library

文字講話 甲骨文・金文篇

白川 静

平凡社

凡例

一　原文引用には読者の便をはかって適宜、著者自身による読み下し文を加えた。

一　漢字は、原則として通行の書体を用いたが、中国・日本の古典の原典引用とその読み下し文、そして字形説明の必要な漢字には旧字体を使用した。仮名遣いも古典の読み下しや引用資料によっては旧仮名遣いを使用した。

一　書名・誌名等には『　』を使用したが、そのほか「　」〔　〕（　）の約物の使用はおおむね慣用に従った。

一　各文章を読むに当たっての便のため、必要と思われるところには文字資料を加えた。収録した文字資料には見出字を付し、無印は篆文・籀文・古文、◉印は甲骨文、◎印は金文、○印はその他の文字であることを示す。

＊本書は文字文化研究所主催『文字講話』（全二十回）に引き続き行なわれた新シリーズ全四回の講話録をまとめたものです。

第一話「甲骨文について」……二〇〇四年十月十日　於国立京都国際会館　アネックスホール
第二話「金文について　Ⅰ」……二〇〇五年一月十六日　於国立京都国際会館　ルームA
第三話「金文について　Ⅱ」……二〇〇五年四月十七日　於国立京都国際会館　大会議場
第四話「金文について　Ⅲ」……二〇〇五年七月十日　於国立京都国際会館　大会議場

第一話

甲骨文について

中国の古代には夏殷周三代の王朝があったと伝えられているが、この五十年ほど前までは、夏殷の二代はその存在も疑われているというほどの状態であった。しかし十九世紀末に安陽小屯の地から甲骨文が大量に出土するに及んで、殷王朝の存在が明らかとなり、ついで偃師二里頭、鄭州二里崗など、殷都の古城址が調査され、近年は安陽の宮殿址も発見されて、殷代の全容が次第に明らかになりつつある。そこで今回は、殷王朝の性格を考えてみたいと思う。

古代の王朝は、神聖王のもとに出現した。神聖王は神と同格であるから、エジプトやオリエントの王は神の化身、あるいは神の代位者であった。しかしそれぞれの王権の成立には地域の差があり、殷の王権形成は東アジア的形態であったということができる。殷ではまず天地四方、世界を創造する神話があって、王朝はその神の直系者とされた。王朝の形成は、各地の部族の首長を、その政治的秩序のもとに組織するために、職能的部族として、王室に職能的に奉仕させる形態で進められた。それはわが国の古代において、部の組織が同時に王朝の秩序を形成したのと同様である。その職能的部族は、みな図象をもって自己を標示した。それはわが国の部の名に相当する。その職能的組織は、殷においては武丁期の前後にほぼ完成したと考えられる。殷代の青銅器には、その図象を銘文とするものが多く、図象の数は千二百種にも及ぶ。図象のなかには王族・聖職者の身分を示すものもあり、礼器・武器の製作者を示すものもあり、図象そのものが一種の氏族霊の標示として扱われたものと考えられる。

殷王朝の成立を東アジア的形態として規定するのは、その王権の成立の次第が、わが国の古代王権の成立の事情と、極めて相似た傾向が認められるからである。一には王位の継承が、イトコ婚的な近親者によって、その血統を王権の要素としていたと考えられること、第二に、天地創世以来の神話をもち、その神々の子孫として王統譜が構成されていること、第三に、部的構造が王朝の組織・官制の母胎をなしていること、第四に、子安貝や玉器を霊的なものとして珍重すること、最後に文身の俗があること、大体この五点をあげることができる。このような殷人の古代的観念は、周王朝によって完全に否定され、殷の子孫は頑民として扱われた。殷周の政治理念は全く異なるもので、殷は神政形態、周は天命思想によって道徳国家であることを指標とした。神政国家である殷では、甲骨文に残されている占卜の方法が、そのまま政治の理念であったということができる。占卜は、すべて王の神聖性を保持するための手段に他ならぬものであった。

皆さんしばらくでございました。本日は旧知の方々、また遠方からも多数の方がご参加くださいまして、まことにうれしく存じております。実は、この文字講話は従前に引き続いてやれというお話でしたが、前に始めましたときと同じく、今度も神様にご相談をいたしました。そして神様の仰せで、二回休め、半年休んだ後ということでございました。神様は何を考えておられるのかと実は思っていたのですが、四月に私の家内を連れていかれた。何かの思し召しであろうかと思う。そのあくる月からは今までにかつてない酷暑が続いた。それからまた、引き続いて台風が二十回近くも発生して、その半数以上が日本を襲うというような、まことに異常な事態であった。多分神様はこういうことも全部ご存じの上で、ちょうどそういう台風の終わるようなときから再開せよということであったのだろうと思います。

今日は、まことに台風もなくなり、抜けるような青空といいますが、まことによいお天気になりました。これは神慮のほどであるというふうに私は思っております。だいたい台風という言葉は、新しい言葉です。古くは「疾風《はやち》」とか「野分《のわき》」とかいう、大変やさしい名前がついている。「野分だちてにはかに肌寒き夕暮れの程、常よりもおぼし出づること多くて、靫負《ゆげひ》の命婦といふを遣《つか》はす」と『源氏物語』の桐壺にありますね。台風のあとというのは、物思いをするほどの、やさしいものであったわけです。ところが『方丈記』になりますと、だいぶ荒れ狂うておる。今回の台風になりますと、これでもか、これでもかと全国を何回も襲って、大きな被害をもたらした。私の生涯のなかでも、このような記憶はございません。それで、これはあるいは天が怒りを発しておるのではないか、地上には争いごとが絶えず、戦いが絶えず、毎日毎日、数十数百人の人が命を落とす。こういうことは、よほど戦乱の時代ならば別ですけれども、今日の時代においては考えられないことです。だから、これはあるいは天が天譴《けん》を下しているのではないか、それともまた、天自身が本当に怒っているのではないか。中国の唐代の詩人、李賀の詩に「天若《も》し情有らば天も亦老いん」という句がありますが(「金銅仙人辞漢歌」)。天が人間のような感情をもったならば、天もまた人間のように老い衰えてゆくであろう、という句です。この人はかなり神仙趣味といいますか、一種の象徴的な詩を作った方ですが、私はこの夏、しきりにその句を思い出した。しかし、私の神様が予言されたように、ちょうど半年でこの狂おしい時期が終わった。今日からはおそらく、秋晴れの清々しい日を迎えるであろうと思うのです。

今日は「甲骨文について」という題でお話をするわけですが、実は今までの文字講

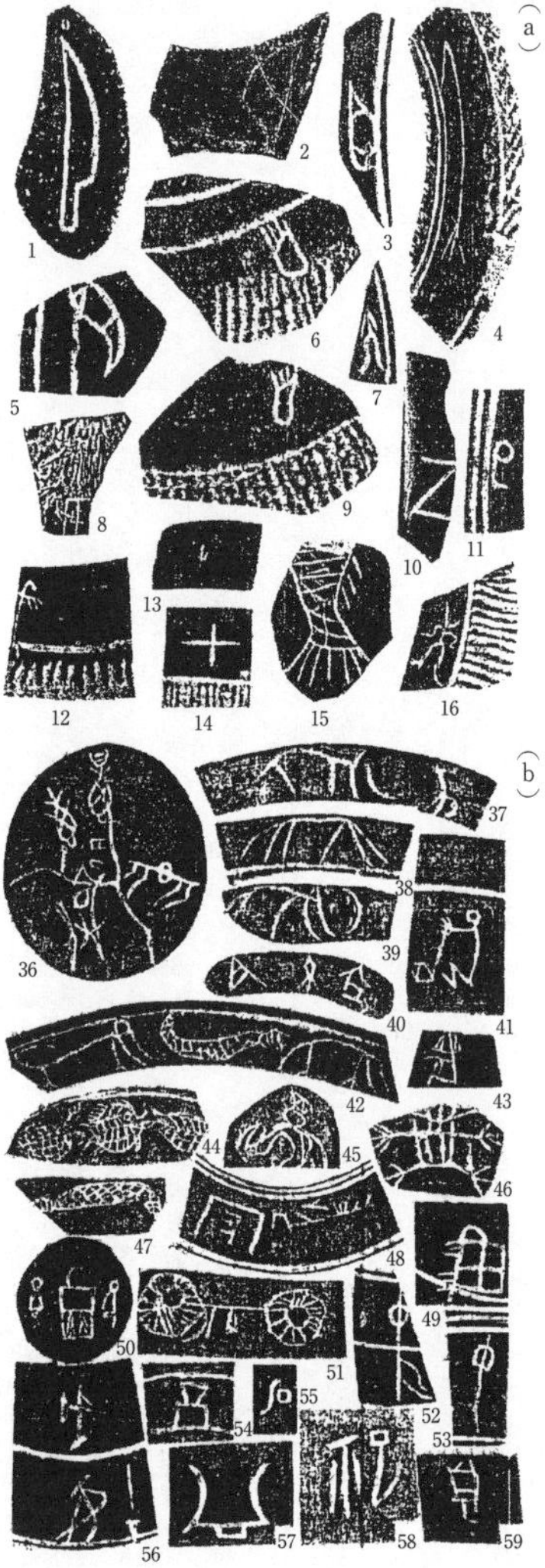

〔資料1〕藁城台西商代遺址出土（a）及び安陽殷墟出土（b）の陶文（高明「商代陶文」〔殷墟博物苑苑刊〕創刊号、一九八九年八月、中国社会科学出版社刊）

話二十回を通じて、それぞれの分野での問題はお話をしておりますので、今日はなるべく総論的なお話をしたいと思います。

〔資料1〕にあげましたのは、陶文です。土器のかけらに記されている刻文がいろいろある。それを集めた報告のうちからとりましたものですが、殷王朝のなかでも、かなり古い時期のものです。これをみますと、単なる記号ではありません。大抵の先史文化、土器文化にみえる刻文は、ほとんど記号です。×とか△とか、そういう記号です。ところがこの刻文は、ご覧になるとわかりますように、最初（a）の刻文の一番左の上（1）は刀という字ですね。右から二番目（3）は目ですが、おそらくのち

戈

に臣下の臣という字に使ったものであろうと思います。まん中の二番目（6）と三番目（9）は足の形、止という字ですね。そのように、だいたい字としても見当のつくようなものが書いてあって、単なる目印・記号というものではありません。

この第一（a）の刻文のなかの左下（12）に、非常に小さく戈《か》という字が書いてございます。ですが、これはのちの字でいいますと戈・ほこという字になります。この刻文が、のちの青銅器にも出てきます。青銅器に書きましたものは、私は「図象」と呼んでいますが、図象になりますと、もう少し具体的な形になり、意味がはっきりしてきます。その図象としてこの形が出てくるときには、柄に装着する部分に飾りがついて、完全な姿になります。

ここでは線で簡単に戈と書かれていますね。ところが、この戈という図象を青銅器につけましたものが、武丁期あたりのものに非常に多い。しかもそれが、おそらく重要な地に配されていたとみえて、各地から出てくるのです。それで私は、この戈という名前をもつ部族は、わが国でいいますと、物部《もののべ》氏のような役割を担った部族ではないかと思う。物部というと一つの部であるから、どこか一箇所に根拠をおいて、そこに定住していると思われやすいのですが、実際に物部氏が根拠とした地を調べてみますと、国内に数十箇所あるのです。だから、ああいう部というものが、単一の部族で特定の土地に定着していたと考えるのは、事実にあわないのであって、この戈部族の器も、これは殷王朝支配下のほとんど全領域から出てまいります。しかもそれは辺境

戈甗（陝西岐山県賀家村）

戈鼎（陝西宝雞市竹園溝墓葬M13）

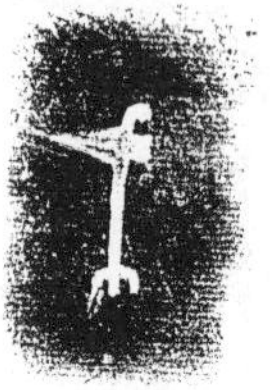

戈殷（陝西銅川市紅土鎮）

の部分の、外族に対して極めて重要な場所であろうと思われるところに、この戈という印をつけた青銅器が出てくる。その青銅器はまた特別に精良なものであり、重量感に富んだ、殷代の青銅器のなかでも、その文化を代表するというような製作のものです。そういうことを考えますと、戈という部族はちょうどわが国の物部のように、おそらく軍事を司る、また軍事の際に必要ないろんな祭祀儀礼というものをも司る、そういう部族であったのではないかと思います。

私は従来、中国の古代の歴史と日本の古代の歴史とを比較しながら、どのように関係づけて考えることができるか、いつもそういう視点からものをみておりますが、私は日本における物部氏のあり方が、中国の殷時代においては、この戈部族のあり方とたいへん類似していると思うのです。一つのことが類似しているからどうというわけではありませんが、さらに遡っていうならば、この図象文字をもつ部族が、わが国でいう部の組織と非常に似ている。いろんな職能的な関係をもって王朝に仕えるというのがわが国の部のあり方ですが、中国の殷王朝においても、このような職能的ないろんな刻文、また図象文字がたくさんあるのです。

〔資料1〕の第二（b）も、土器に彫りこんだ陶文ですが、ここにはいろんなものが出てきますね。動物がいる、長いのもいる。足の多いのも、手の長いのもいる。また魚（44）がいる、その下（51）には車がある。さらにその下には何か器物が書いてある。これは皆それぞれ自分の職能とするところを示すものであろうと思います。車

戈卣
（湖南寧郷王家墳）

中

耤

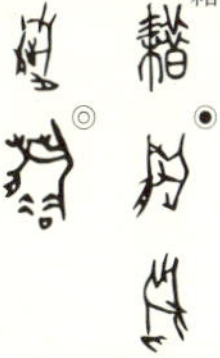

ならば車作り部というようなものでしょう。一番上の左（36）はいくつもの形が併せて書いてありますね。職能的な部族が複合したり、あるいは分かれたり、いくつかの部族が連合するような形で、政治的・行政的な組織に発展してゆきますので、このようにそのいくつかの部族がかかわって、複合的な文様をつけたというふうに思います。

第二の刻文資料の右下（52・53）に中《ちゅう》という字がある。吹流しが横になってついていますが、これはだいたい旗竿の旗の形です。旗竿のまん中に丸がつけてあって、吹流しをつける。中国の旗は吹流しをたくさんつけますね。このように軍旗の上下に吹流しをつける。軍を作りますときに、上軍・中軍・下軍とだいたい三軍編成をとります。その中軍の将がいわゆる元帥です。総指揮官ですね。そして、その旗の上にいろんな吹流しをつけて、命令を伝達するのです。そのような三軍の組織が、すでに殷王朝の青銅器文化にはいる以前の時代にあったのではないか。

（b）の上から二番目（41）にたいへん妙なものが書いてある。これは耒《すき》の象形です。上のところは耒の形になっています。そこを人がもっていて、耤《せき》という字のもとになります。これだけでは耤になりませんので、音符をつける。昔という字ですが、昔は肉を日に乾かしたもの、肉月《にくづき》をつけまして腊《せき》という字になる。乾肉です。この昔という音をここへつける。耕耤の藉ですから耕すという字です。つまり、農耕を職とする部族であるということで、そのままもう字になっています。その下（43）は人が蹲踞している形。その下（49）は人の足跡の形。その下（53）には先にいいました中

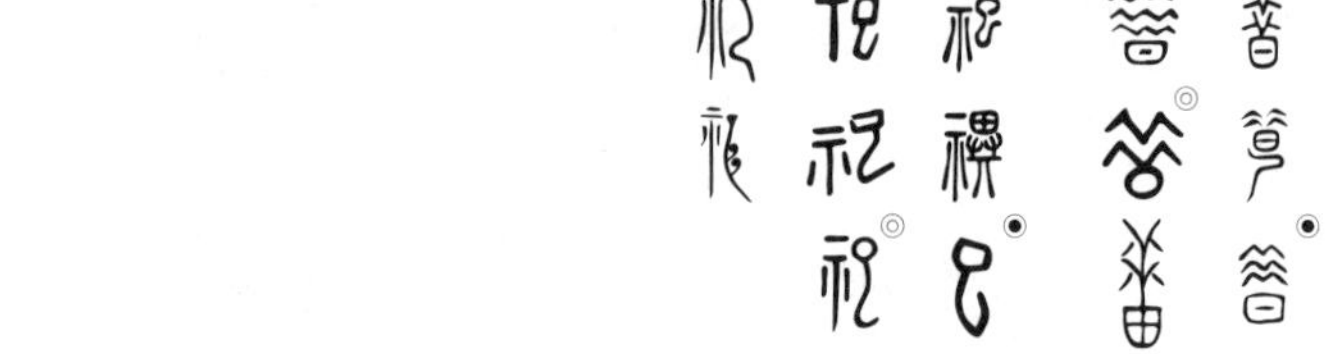

という字が出てまいります。さらに祀という字（58）が出てきます。祭祀の祀ですが、丅が祭壇、巳は虫《き》で爬虫類、こういう爬虫類をいろいろマジックに使います。祭祀といいますが、祭は肉を示（祭壇）に供えてお祭りをする。祀は自然の霊を祀る。祭は祖先の祭りをいい、祀は自然神の祀りというように、それぞれ分野がちがうのです。その祀がこの陶文ですでに字になっている。こういう陶文から図象文字になり、それから文字へと展開してゆくのですが、このような青銅器以前の資料のなかに、すでに殷王朝が文字を創作するという基盤が出てきています。ここにはだいぶ文字らしいものができてきていますが、しかしそれはまだ文字らしいものであって、本当の文字の成立のためには、実はこれだけでは足りないのです。それはたとえば助詞、助動詞、感動詞というような、そういうものを文字にあらわして、文を構成する。言葉として表現される全体が、文字としても表現される、そういうことが必要なのです。だから、これ自身はまだ文字ではない。しかし、文字への準備はすでにこの時代にできているといえるわけです。

〔資料2〕にト辞にみえる殷の系図を出しておきました。こういう系図のなかにもいろんな問題があります。これを単なる系図として、それぞれの王の名前を並べたというようにも解釈できる。しかし、こういう名前のつけ方であるとか、王位を継承するその順位であるとか、また干支の用い方であるとか、そういうところから殷王朝の構造の秘密を解くこともできる。ある研究者は、この系図を分析しまして、だいたいは継続上、二つのクラスがあったのではないか。そして王位の継承は甲乙のクラスの次に、丙丁のクラスが継ぐという、交替の形で行なわれたのではないか、ということを提説しましたが、これはまことに鋭い指摘であると私は思います。ただしかし、このような甲乙と丙丁の両方のクラスがあって、相互に王位継承が行なわれるというのは、このような王統の間において、近親婚が行なわれているということを予想させる。普通には、牧羊民族というようなものは、その牧畜の知識から近親婚を拒否して、異族婚の形態をとるものです。そして異族婚、特定の対象を定めて結婚相手を別に設けるという、エクソガミーという制度をとるのです。ところが殷王朝のようなこういう交替婚の場合には、だいたいイトコ婚になる。両方のグループの間で交替しながら結婚を継続してゆくと、どうしてもイトコ婚になるのです。

〔**資料2**〕卜辞にみえる世系表

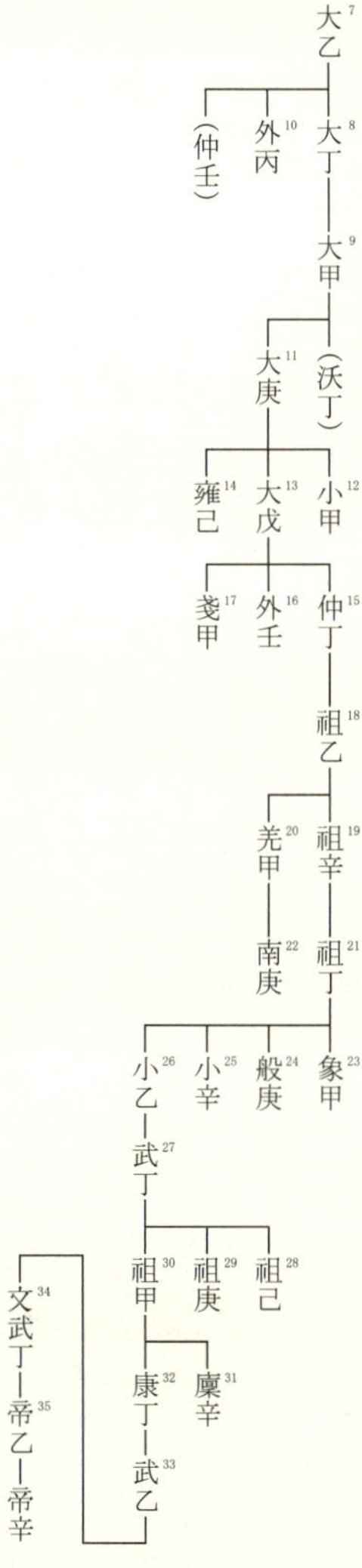

私は日本の古代王朝の継続法について、かなり疑問をもっていました。あまりにも近親婚が多いのです。最もはなはだしいのは、天智天皇の皇女四人が天智の弟の天武天皇の妃になっておられる。兄の娘を弟が四方とも嫁にもらうというようなことは、普通の考え方からいいますと異常な状態ですね。しかし殷の系統法にこういう二つのクラスがあって、相互に交替しながら継承するということの形をみますとね、それがだいたい了解できる。あとで甲乙丙丁に分けて、順序をお調べになりましたならば、だいたい例外なくそのように進んでいることが確かめられます。もう一つ、交替婚であって直系でなかったことを証明する方法としましては、第一期の王様、武丁なら武丁が亡くなりますと、その次の三人、兄弟相続をしていますが、そのときに卜辞の形式が全部かわるのです。卜辞を扱っていた貞人といわれる人が、全員かわります。普通の王位継承であるならば、先王の組織を大部分承け継ぐというのが一般のあり方ですね。ところが全員入れかわってしまう。武丁期の貞人として占いをしていた二十五人ほどの人が一斉に姿を消して、第二期の人と入れかわってしまう。これは本来二つのグループがあって、次にはこちらが相続をするというような用意をしている状態でなければ、できないことですね。そういうことから考えますと、殷王朝の系統法は、日本の王室の継続法に非常によく似ている。先にあげました陶器の刻文、職能的な部族としての印も、日本の部の組織と似ていました。この二つは、日本の古代史を考える場合に、非常に参考になると思いますので、まずこれを〘資料1〙〘資料2〙にあげ

ておきました。

『資料3』には、先にお話しました図象の例をあげておきました。実は随分たくさんありまして、全部で千二百ぐらいあるのではないかと思います。そのごく一部をここに出しました。こういう文様は、だいたい青銅器につけられています。この文様がまた日本の部の組織とたいへん似ているところがあるのです。最初のところは特定の人の形になっていますが、(7)〜(10)葉に出てくるものはだいたい王族です。は子ですから、殷の王室の王子の印です。はこの王子を上に翼戴している、戴いているのですから、私はこれは親王家の家筋にあたるものであろうと考えています。は音符として、後には将軍の将（將）になる。軍を出すときに祭肉を奉じて出ますので、その肉を手にもっている。またあるいは王様のように鉞をもっているものがある。王様の王は下の一画が大きいのですが、戦士階級になりますと小さいのをもつ。これが壮（壯）。戦士階級の中核を担う者ですね。この將・壯が皆この王族から出ている、親王家の家筋であると思う。したがってこれらは、身分称号であると理解していただいてよろしいかと思います。あとにたくさんの図象をあげていますが、その職掌はだいたいの推測がつくかと思います。

『資料3』の(14)〜(16)と葉づけしているところに、こういう形をつけて、そのなかに氏族の名前が書いてあるというのがたくさんありますね。は墓室の形です。お墓の玄室ですが、この四隅は邪霊の宿るところという観念があって、隅をおとしてある

【資料3】金文図象例（周法高・李孝定・張日昇編著『金文詁林附録』目録より、一九七七年、香港中文大学出版社刊）

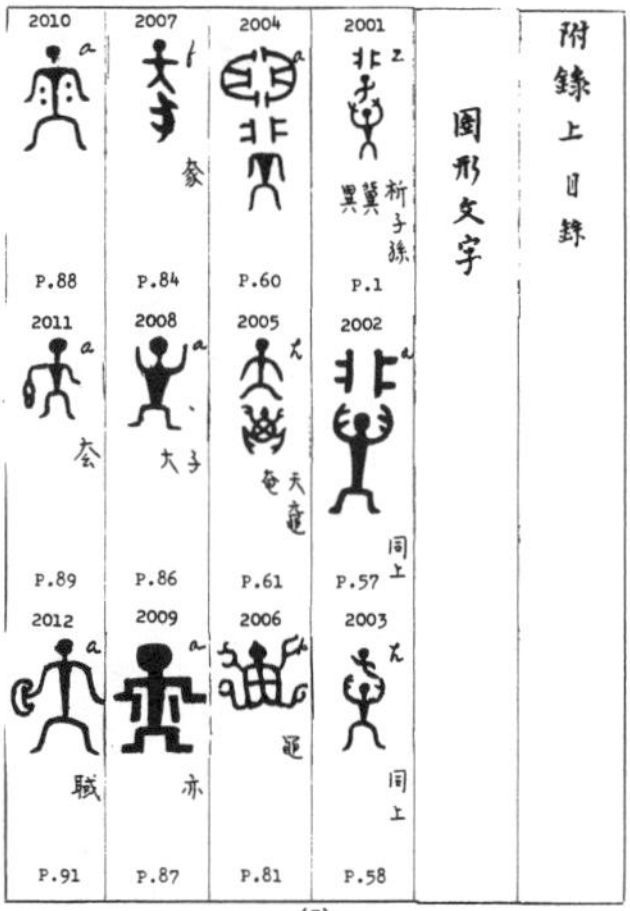

(7)

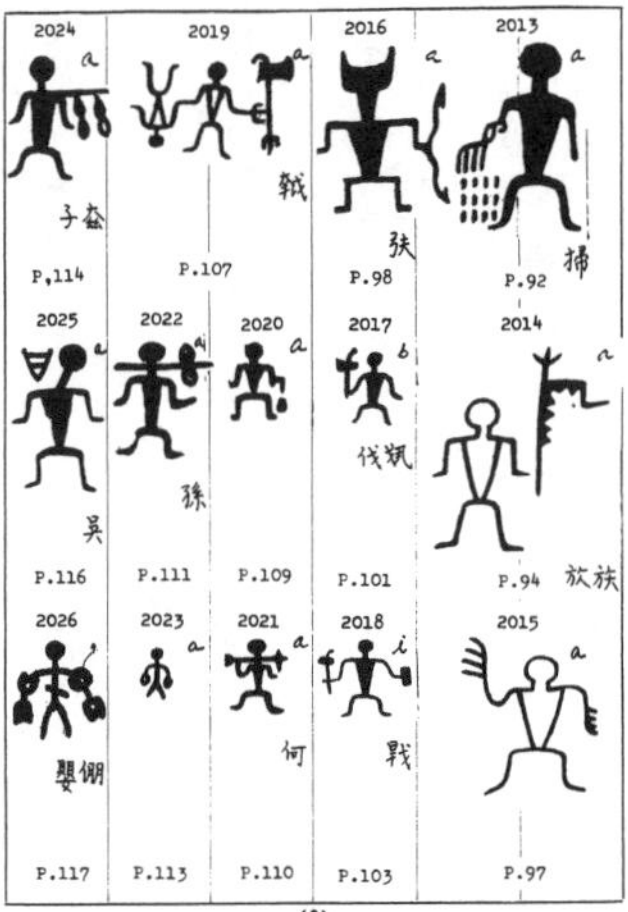

(8)

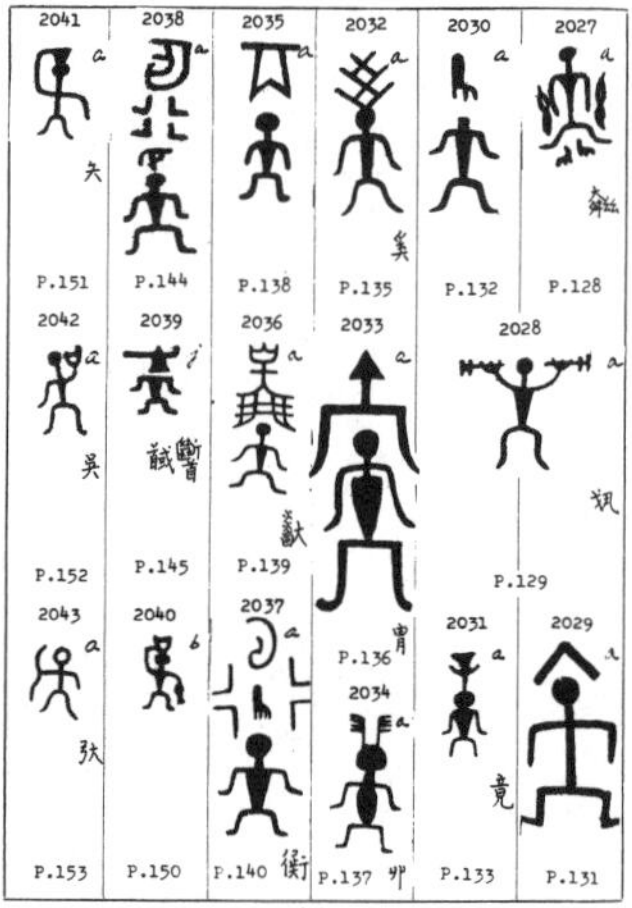

(9)

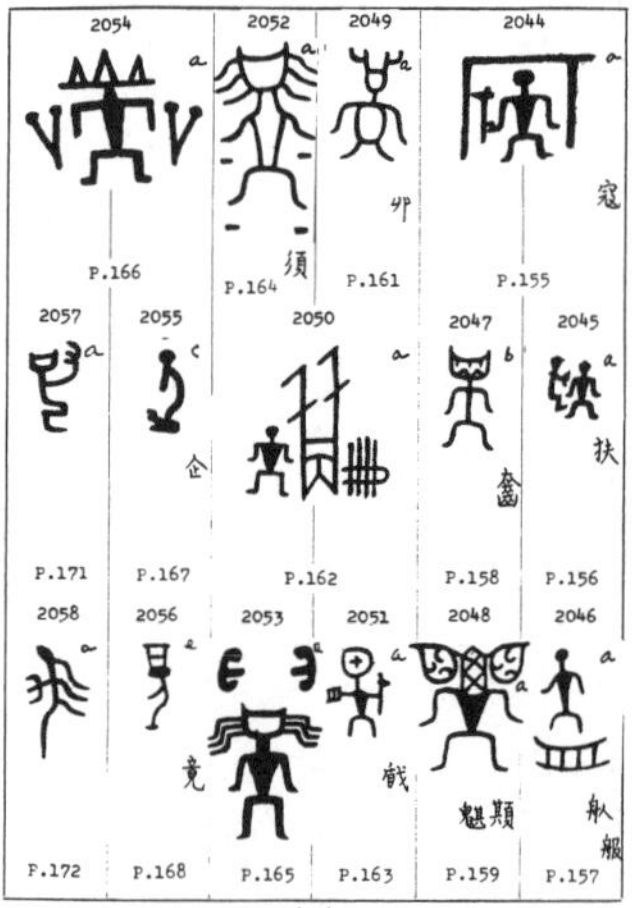

(10)

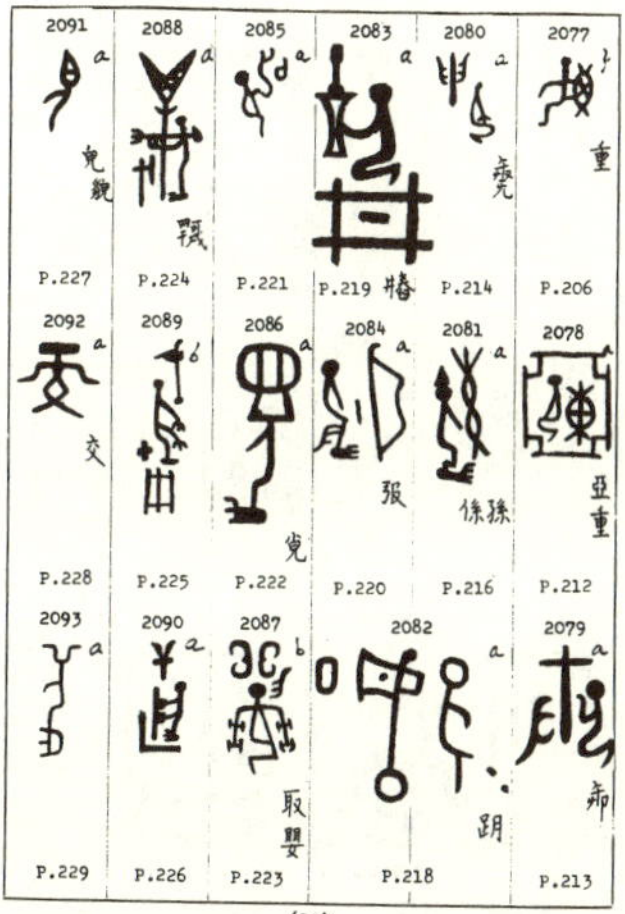
2091
2088
2085
2083
2080
2077
P.227
P.224
P.221
P.219
P.214
P.206
2092
2089
2086
2084
2081
2078
P.228
P.225
P.222
P.220
P.216
P.212
2093
2090
2087
2082
2079
P.229
P.226
P.223
P.218
P.213

(12)

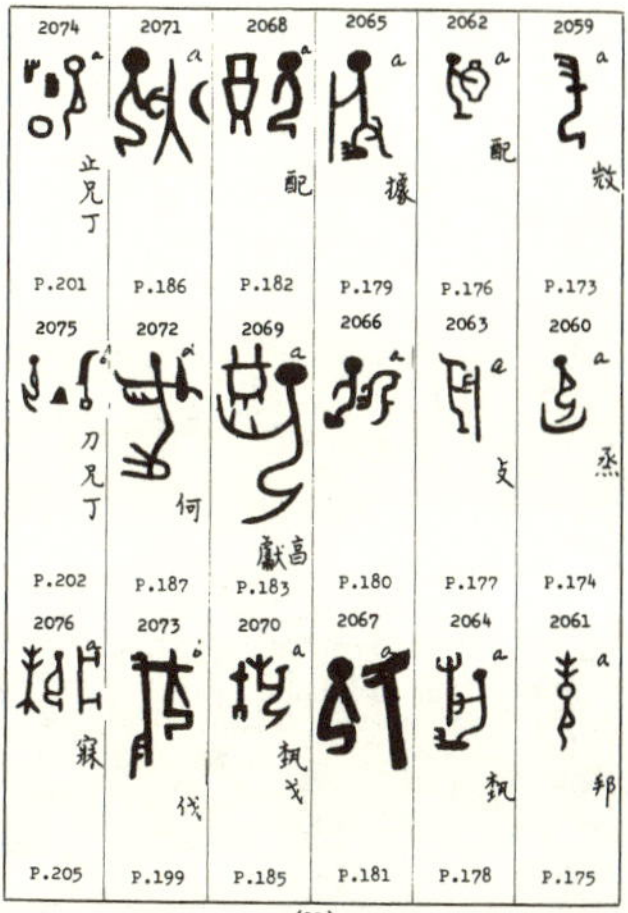
2074
2071
2068
2065
2062
2059
P.201
P.186
P.182
P.179
P.176
P.173
2075
2072
2069
2066
2063
2060
P.202
P.187
P.183
P.180
P.177
P.174
2076
2073
2070
2067
2064
2061
P.205
P.199
P.185
P.181
P.178
P.175

(11)

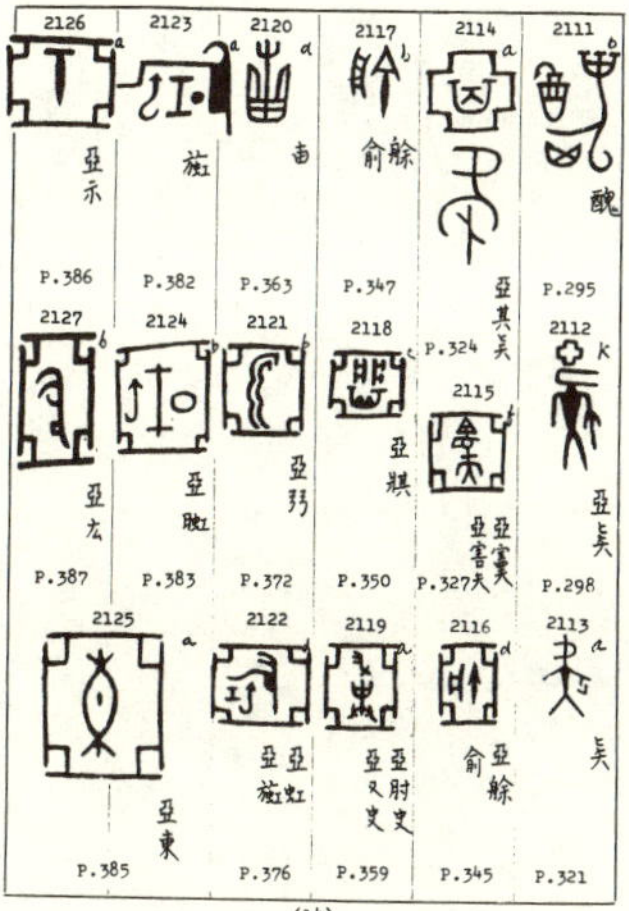
2126
2123
2120
2117
2114
2111
P.386
P.382
P.363
P.347
P.324
P.295
2127
2124
2121
2118
2115
2112
P.387
P.383
P.372
P.350
P.327
P.298
2125
2122
2119
2116
2113
P.385
P.376
P.359
P.345
P.321

(14)

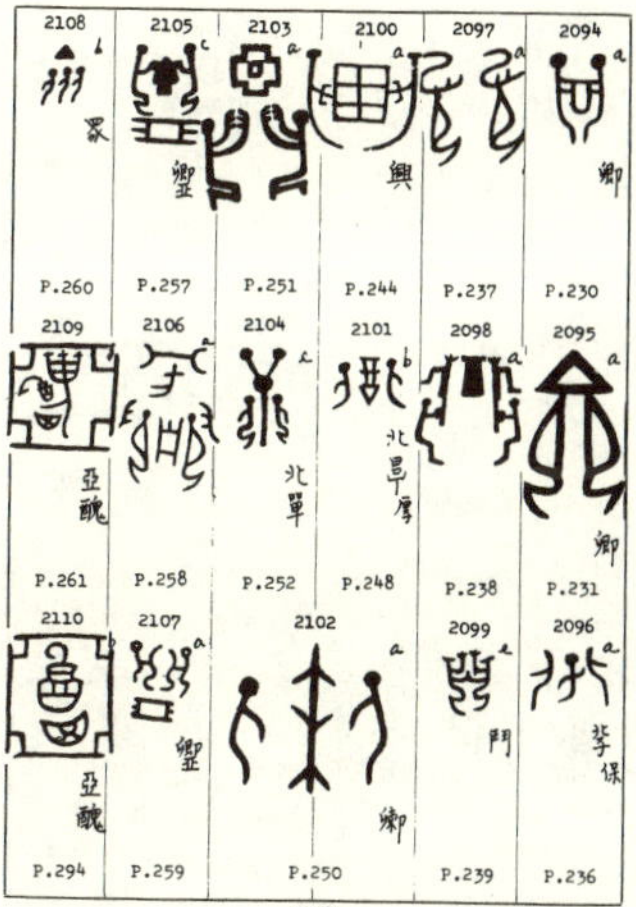
2108
2105
2103
2100
2097
2094
P.260
P.257
P.251
P.244
P.237
P.230
2109
2106
2104
2101
2098
2095
P.261
P.258
P.252
P.248
P.238
P.231
2110
2107
2102
2099
2096
P.294
P.259
P.250
P.239
P.236

(13)

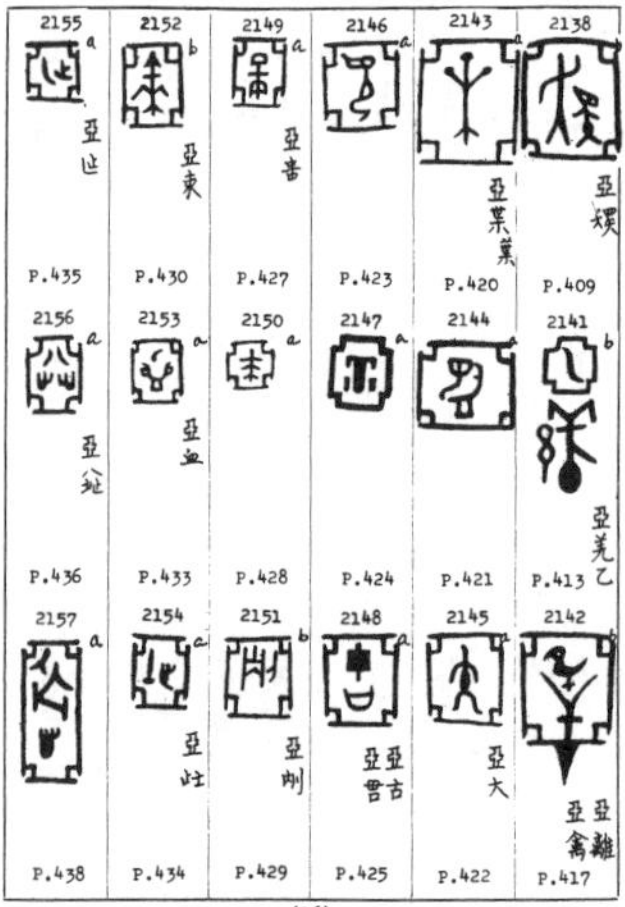
2155 a 亞止 P.435
2152 b 亞東 P.430
2149 a 亞沓 P.427
2146 a P.423
2143 a 亞棗棗 P.420
2138 亞綅 P.409
2156 a P.436
2153 a 亞血 P.433
2150 a P.428
2147 a P.424
2144 P.421
2141 b 亞羌乙 P.413
2157 a P.438
2154 a 亞址 P.434
2151 b 亞刪 P.429
2148 a 亞亞 甾古 P.425
2145 亞大 P.422
2142 亞亞 禽雛 P.417
(16)

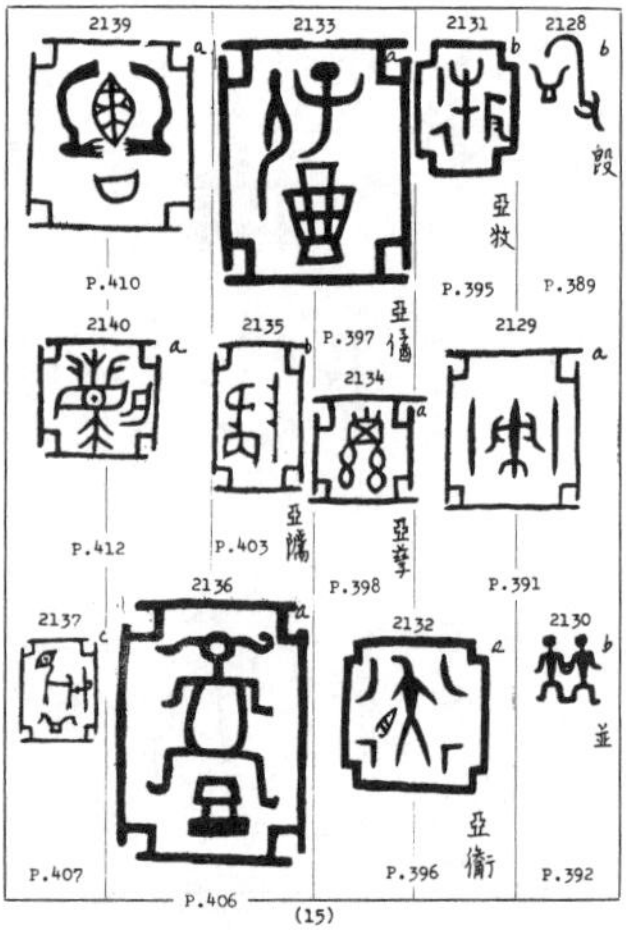
2139 a P.410
2133 a
2131 b 亞牧 P.395
2128 b 設 P.389
2140 a P.412
2135 b P.403
P.397
2134 a P.398
2129 a P.391
2137 c P.407
2136 a P.406
2132 a 亞衛 P.396
2130 b 並 P.392
(15)

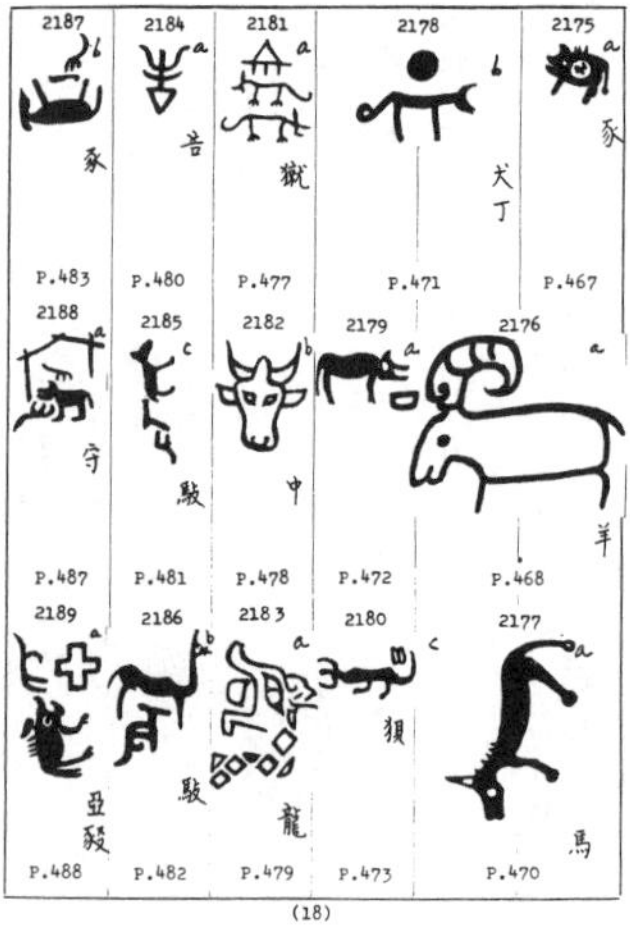
2187 b 豕 P.483
2184 a 音 P.480
2181 a P.477
2178 b 犬丁 P.471
2175 a 豕 P.467
2188 a 守 P.487
2185 c 駁 P.481
2182 b 中 P.478
2179 a P.472
2176 a 羊 P.468
2189 a 亞駿 P.488
2186 b 駁 P.482
2183 a 龍 P.479
2180 c 狽 P.473
2177 a 馬 P.470
(18)

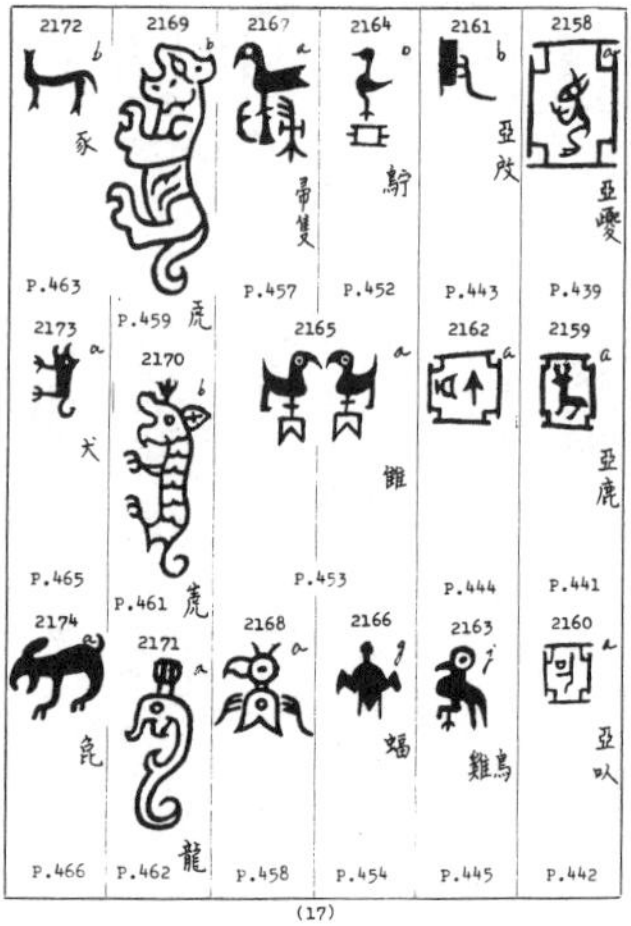
2172 b 豕 P.463
2169 b 虎 P.459
2167 a P.457
2164 P.452
2161 b 亞 P.443
2158 a P.439
2173 a 犬 P.465
2170 b 虎 P.461
2165 a 雔 P.453
2162 a P.444
2159 a 亞鹿 P.441
2174 P.466
2171 a 龍 P.462
2168 a P.458
2166 蝠 P.454
2163 雞鳥 P.445
2160 a 亞 P.442
(17)

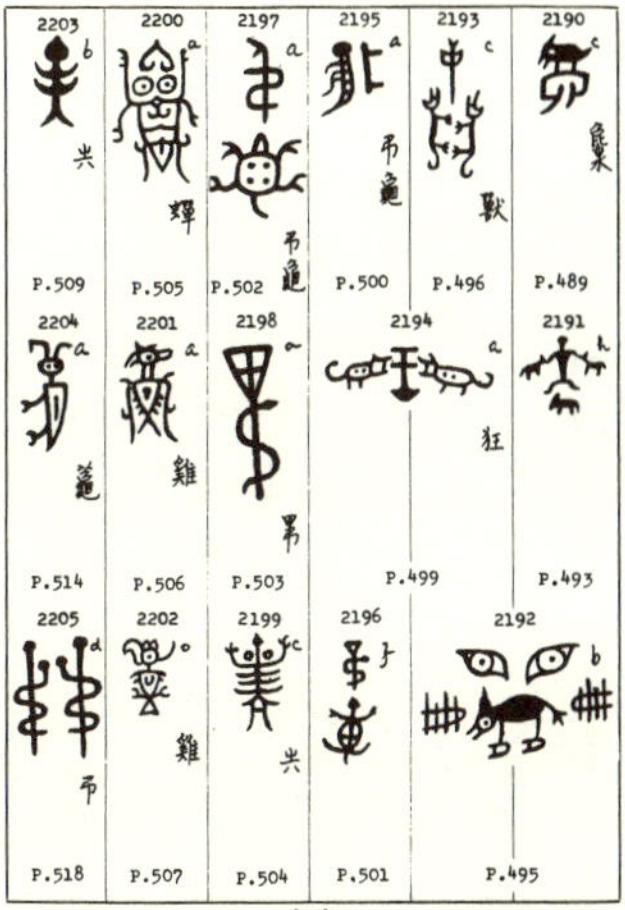
2203 P.509
2200 P.505
2197 P.502
2195 P.500
2193 P.496
2190 P.489
2204 P.514
2201 P.506
2198 P.503
2194 P.499
2191 P.493
2205 P.518
2202 P.507
2199 P.504
2196 P.501
2192 P.495

(19)

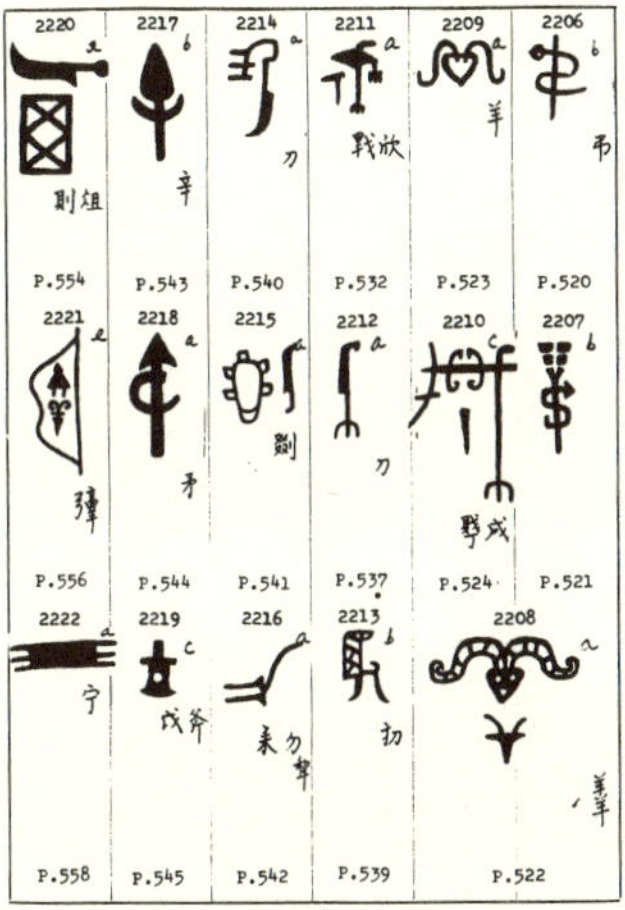
2220 P.554
2217 P.543
2214 P.540
2211 P.532
2209 P.523
2206 P.520
2221 P.556
2218 P.544
2215 P.541
2212 P.537
2210 P.524
2207 P.521
2222 P.558
2219 P.545
2216 P.542
2213 P.539
2208 P.522

(20)

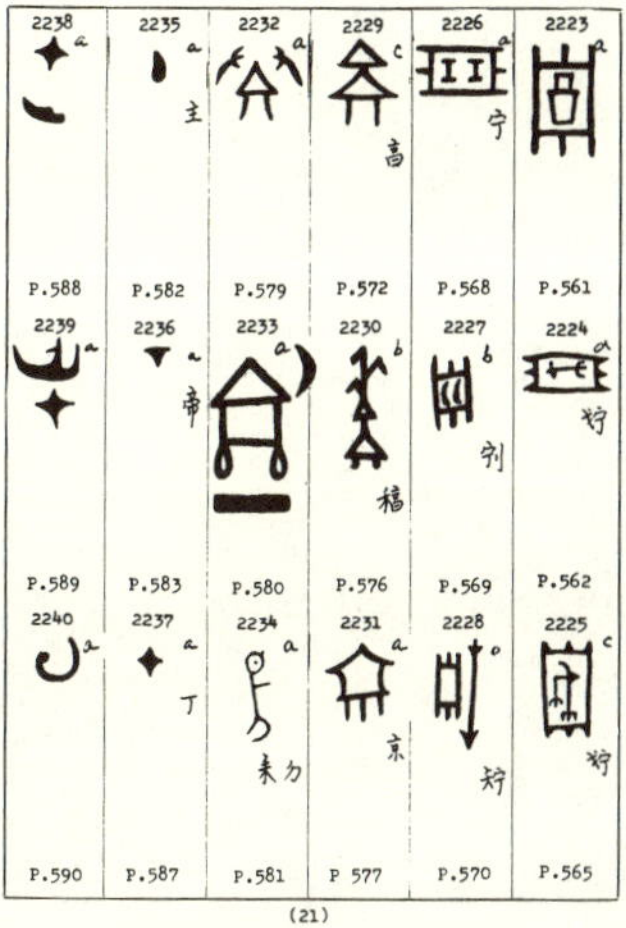
2238 P.588
2235 P.582
2232 P.579
2229 P.572
2226 P.568
2223 P.561
2239 P.589
2236 P.583
2233 P.580
2230 P.576
2227 P.569
2224 P.562
2240 P.590
2237 P.587
2234 P.581
2231 P 577
2228 P.570
2225 P.565

(21)

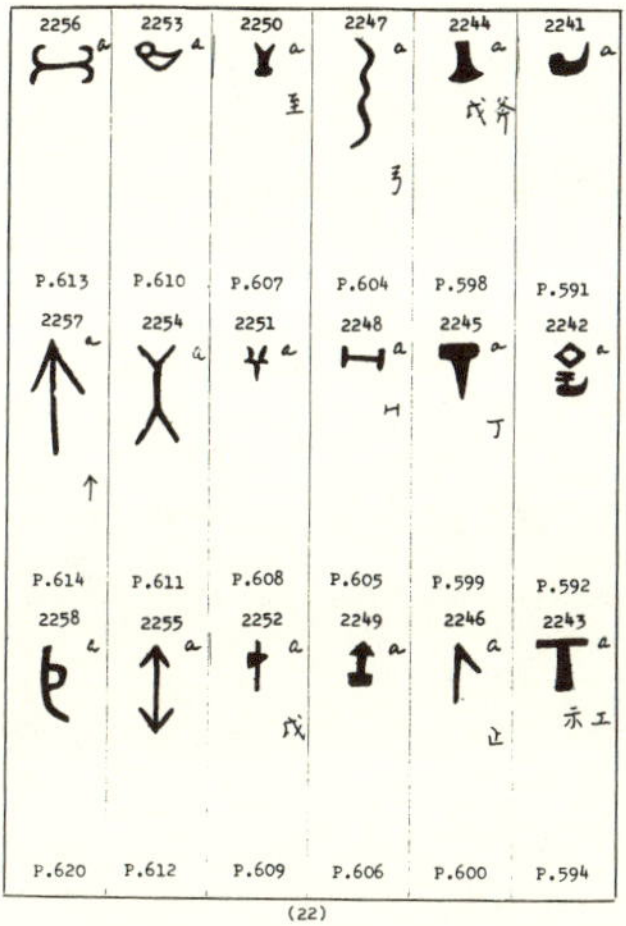
2256 P.613
2253 P.610
2250 P.607
2247 P.604
2244 P.598
2241 P.591
2257 P.614
2254 P.611
2251 P.608
2248 P.605
2245 P.599
2242 P.592
2258 P.620
2255 P.612
2252 P.609
2249 P.606
2246 P.600
2243 P.594

(22)

王
亜(亞)

のです。これがのちの亜（亞）の字になります。こういう玄室の儀礼、お葬式などを司る、日本でいうならば卜部《うらべ》とか中臣《なかとみ》というような、神と人とを仲立ちする、そういう部族ですが、この亜という形のなかに、またそれぞれの図象を記したものがたくさんございます。それは、それぞれの部族のなかで、特別に聖職者として祭祀儀礼を扱う者がいる、かりに五百の部族があれば、そういう図象が五百できるというわけです。先にいいましたあの析子孫形（）、王子の形を戴く王族関係の者が、単なる部族でなくて、王族という社会的な身分をひとまとめにした図象であったように、この亜字形もまた、それぞれの部族のなかで祭祀儀礼にあずかる聖職者の標識であるといえるのです。

そうしますと、この図象というのは身分関係を示す、王族を示す、また職能関係を示す、それぞれの部族の図象であるということになる。これが何千何百とあるわけです。だいたい図象はそういう身分称号ですね。これも古代の王権が成立する一つの段階として、ヨーロッパなり、オリエントなり、エジプトなり、みんな古代王朝の成り立ちの形は違うのですけれども、東アジアにおきましては、殷王朝の成立形式の過程と、わが国の古代の王権の成立する過程とは、形が非常に似ているのですね。よその国と思えないほどよく似ているところがあるのです。

先にいいました戈という部族ですね。その部族標識のあるような銅器が、多く殷王朝の周辺部に置かれているのです。たとえば湖南寧郷の黄材王家墳山のあたり、寧郷

〔**資料4**〕寧鄉出土窖藏器（傅聚良「長江中游地区商時期銅器窖藏研究」より寧鄉部分を摘出、「中国歴史文物」二〇〇四年一期所載）

長江中游地區商時期銅器窖藏

出土地	器物	數量	資料來源	備注
湖南地區				
一九三八年寧鄉黃材月山鋪	四羊方尊	1	高至喜：《湖南寧鄉發現商代遺址和銅器》、《文物》一九六三年第一二期	
一九五九年寧鄉老糧倉師古寨	銅鐃	5	高至喜：《中國南方出土商周銅鐃概論》、《湖南考古輯刊》第二集	
一九五九年寧鄉黃材寨子山	人面鼎	1	高至喜：《商代人面方鼎》、《文物》一九六〇年第一〇期	
一九五九年寧鄉黃材炭河里	獸面紋卣	1	高至喜：《湖南寧鄉發現商代遺址和銅器》、《文物》一九六三年第一二期	內有玉器
寧鄉黃材水塘灣	獸面紋鼎	1	熊傳薪：《湖南商周青銅器的發現與研究》、《湖南省博物館開館三十周年紀念文集》一九八六年	
寧鄉黃材寨子山	銅鐃	1	高至喜：《中國南方出土商周銅鐃概論》、《湖南考古輯刊》第二集	伴出玉器
一九七七年寧鄉老糧倉師古寨	銅鐃	1	高至喜：《中國南方出土商周銅鐃概論》、《湖南考古輯刊》第二集	
一九七七年寧鄉老糧倉師古寨	銅鐃	1	高至喜：《中國南方出土商周銅鐃概論》、《湖南考古輯刊》第二集	
寧鄉黃材寨子山	銅瓿 內裝銅斧	1 224	熊傳薪：《湖南商周青銅器的發現與研究》、《湖南省博物館開館三十周年紀念文集》一九八六年	
寧鄉黃材王家墳山	〝戈〟卣	1	熊傳薪：《湖南商周青銅器的發現與研究》、《湖南省博物館開館三十周年紀念文集》一九八六年	內有玉器
寧鄉唐市	銅鐃	1	高至喜：《中國南方出土商周銅鐃概論》、《湖南考古輯刊》第二集	
寧鄉老糧倉師古寨	銅鐃	10	長沙市博物館等：《湖南寧鄉老糧倉出土商代銅編鐃》、《文物》一九九七年第一二期	
寧鄉老糧倉師古寨	銅鐃	1	高至喜：《中國南方出土商周銅鐃概論》、《湖南考古輯刊》第二集	
寧鄉老糧倉師古寨	銅鐃	1	高至喜：《中國南方出土商周銅鐃概論》、《湖南考古輯刊》第二集	
寧鄉黃材	獸面紋卣	1	熊傳薪：《湖南商周青銅器的發現與研究》、《湖南省博物館開館三十周年紀念文集》一九八六年	
寧鄉黃材瀉水河中	銅瓿	1	寧鄉縣文管所王自明：《寧鄉黃材出土商代銅罍》、《湖南省博物館文集》待刊	

からは実にたくさんの青銅器が出ております。〔資料4〕に寧郷出土の窖蔵器の表をあげておきました。墓に埋めてあるのではなくて、山の斜面に孤立的に埋めてあるのです。今までに三十器近く出ている。調べたらまだまだ出てくるかもしれません。何かの機会に、豪雨などがあって山崩れがしてというような、偶然の機会でないと出ないのです。今までに寧郷で見つかったのが、表にあげた器物です。しかもこれらはいずれもたいへん優れた青銅器であって、安陽の初期のものよりも重厚感があるというものが多いのです。

この寧郷出土の器中に、戈卣というのがあります。戈という銘（一七頁の上欄参照）の入っている卣、酒器ですが、非常に大きな器です。寧郷というのは揚子江（長江）の中流域、洞庭湖の南、長沙の西五十キロほどのところです。そして、その西側には、当時、南人、いわゆる苗族が住んでいた。古くは苗族は文化も高く、勢力も盛んであった。甲骨文や西周期の金文には異族を捕虜にしたというような記録がたくさんあります。たとえばチベット系の羌人などは、一時に何百人という捕虜があった。彼らは牧羊族で集団で行動しているので、それを襲撃して捕まえますから、一時に多くの捕虜が出るのです。それで祭りのときに、羌人何百という犠牲を使う。「三百羌を用ふ」、「五百羌を用ふ」というように、非常にたくさんの人を犠牲とする。ところが苗族はなかなか精悍な民族であった。それで苗族を捕虜にすることがあっても極めて少数です。お祭りに用いるのも、ごく数人です。甲骨文には「南人を用ひんか」という。彼らを南人とよびました。その南人が西側の山中にいる。

その東側の山の斜面に、寧郷をはじめその接続の地に、数十器の器物が埋めてあるのです。何のために、このように重要な青銅器を、惜しむこともなくたくさん埋めているのか。これはその西側にいる南とよばれる異族に対する、一種の魔除けといいますか、彼らの力を遮って、その力をなくしてしまうという呪力のあるものとして、殷王朝が最も優れた青銅器を択んで、こうして山の斜面に埋めこんでいるのですね。私たちが研究をはじめました頃には、まだ二、三器しか知られていなかった。のちにだんだん出てきますから、これからまだまだ出てくる可能性があるかと思う。

しかも、ここだけではなしに、北の方はオルドスの周辺、砂漠につながる黄河の上流ですね。それに陝西省の東北の一番隅っこ、また西の方は山を越えれば四川、それから江南のこの寧郷あたり。こんなところに当時としては最も優れた青銅器であろうと思われるものが、埋められている。さらに南方では、舜が葬られているという九疑(嶷)山の南にもあります。これは青銅器というものが、単に祭祀に用いて、肉を煮るとかいう、単なる祭祀の道具ではなくて、そこには何か知られざる霊的な力が含められているのではないか。まっくらな部屋の中に、底光りのする青銅の光がほのかに発している、そういうものを、電灯もないところにどんと置いたら、これは気色悪いだろうと思いますね。のち宋の時代に開拓が進んで、たくさん古銅器が出てきた。宋の時代に著録され、元の時代にそれが伝えられているのです。その元の時代のいろいろな雑記類をみますと、青銅器が夜中に声を出すとか、夜中に光を発するとか、気色悪い幽霊話のような話がいっぱい書いてあるのです。青銅器を現実に使っていた人は、多分そのような感じはもたなかったでしょうね。しかし、青銅器を使わない、青銅器というものが現実の世界から離れているような社会では、まことに気味の悪いものであったと思う。おそらく作った当時においても、この青銅器には、それぐらいの一種の不可思議な力があるというように、考えられていたと思いますね。

またあの青銅器の文様には、たとえば饕餮文《とうてつもん》という得体の知れない怪獣の文様が鋳こんであります。饕餮というのは、私は虎であろうと思う。これは先にいいました南人、楚の国の言葉で、虎のことを於菟《おと》といいます。虎という言葉は、北の方の語です。饕餮という言葉は、語頭にtの音をもっておりますし、それが西に流れてタイガーになったのではないかと思う。tiger とは、虺龍《きりよう》、残忍なる者という意味です。tという音が一つのポイントとなっていて、饕餮というのはそれのいわば躍った言葉ですからね。饕餮は南方から出た南方語の虎で、北方の虎とは名前が違うわけです。虎は霊獣でありますから、これを文様にすれば霊力が備わるであろう。あるいは龍は、虺龍文、また鳳は夔鳳文《きほうもん》、これらはのちの四神、四方の神として祀られるものたちですが、そういうものが青銅器の文様になっているのです。だからこれらは単に御霊屋《みたまや》でお祭りに使う祭器というだけでなく、このような文様をつけることによって、その器物に非常な霊力が付加されると考えたのに違いないと思います。古い時代の青銅器は、お祭りに使うと同時に、四方の異族の神々を追い払う、邪霊を追い払う力があるものとして、辺境に配置された。人もいないような辺境の、秘境の地に配置されているのです。

だいたい殷は、山東省から興った国です。山東省には黒陶文化という、龍山文化の一番古いものが残っている。その山東省から、彼らは河北、河南へ進出して、殷王朝を建てた。この殷王朝を建てたときの様子を考えてみますと、これもたいへん不思議なことがあるのです。まず北の方、河北省の一番北の方に藁城《こうじょう》というところがありまして、そこから殷の古い時期の器物などが出てくる。陶器の古いものや、青銅器の刻文がついているのが出てくる。モンゴルに近いところなのですよ。西の方は洛陽のすぐ手前まで一気に進出している。南の方は揚子江を越えて、この寧郷まで来ている。本拠地は山東省ですから、一気にこんなに手を伸ばすということは、考えにくいことですね。殷は河北に入るときに、今の鄭州にまず入ったのではなく、ずっと西方の洛陽の近く、偃師《えんし》というところまで行っている。それから退いて鄭州に都しているのです。なぜ偃師まで行ったのか。これは長い間疑問であった。しかし、数日前の新聞によりますと、その古い地層から、殷の都のもう一つ下の地層、約三百年ほど古い下層から、城郭の設営が行なわれた跡が出てきて、これは殷より前の夏《か》の都であったに違いないということが報道されているのです。そうすると、殷が洛陽の近くまで進んだというのは、夏の都に一撃を与えて、夏の王朝をまず滅ぼし、しかる後におもむろに鄭州に退いて都をつくったと考えることができる。またようやく青銅器ができたというような時代に、殷の王朝の版図として、最大と思われるその外辺部分に、非常に優れた青銅器を配置して、異民族に対して邪霊を祓うということをやった。それは国を建てる第一の仕事として必要であったということが、理解される。今まで私がたいへん疑問に思っていたことが、次第に理解される、解釈できるようになってまいりました。

山の斜面にいっぱい銅器を貼りつけるということは、わが国の出雲でも何箇所か出てまいります。銅鐸をずらっと並べる、あるいは鏃《やじり》をいっぱい並べてある。殷でも、寧郷のあたりで、青銅器の中に斧を二百本ぐらい入れたのがあるんですが、出雲に出てくるのと同じやり方です。出雲では、あの銅器は実用にはならないと思いますから、私は最初から呪器として作られたと思います。なぜあんなところに貼りつけたのか。これはよくわかりませんが、わが国の古代史をみますと、出雲の勢力・備中の勢力というように、その地域を一勢力として考えられていますが、そんなに単純なものではない。地方の豪族の間にも、やはり親しいもの、親しくないものもあり、互いに対抗することもある。最近、出雲の勢力は東西の二者に分かれて相争うていたという説が、二人の研究者から同時に発表されています。私はそれを読んで、出雲の山の斜面の多数の青銅器は、地域の分裂を背景にした、一種の呪的行為であったのではないかというふうに解釈をした。そうしますと、遠い遠い殷の時代の、青銅器文化のあの特別な

棄

あり方と、わが国の出雲における青銅器文化のあり方が、全く性質的に同じものであると考えられるのです。これは殷の王朝の成立・発展・崩壊の過程を考えるとき、いろいろと考えてみたいと思っていた問題の一つです。

次の資料にまいります。今度は神話のお話です。神話というものは、どの王朝でもみな持っているわけではありません。ただ神話的な素材となるものを持つということはあります。たとえば周王朝の最初の王様は、棄《き》という名前です。棄という字は、生まれたばかりの子を、逆子の形にして畚《ふご》に入れ川へ流す形です。最初の子どもはだいたい棄てられる。ところが棄てられて、そのまま終わってしまう子は、もうそのままですが、何か天の徳を受けたような特別の赤児ですと、誰かがこれを拾うて育てる。周の棄の場合、道端に棄てたところが、馬や牛がみなこれを避けて通った。氷の上に棄てると、鳥が舞い降りてきて、その翼であたためて救った。森のなかに棄てると、樵人に拾われた。そういう奇瑞《きずい》があらわれて、それでこれは神の子であろうというので、養い育てられた。これが周の先祖になるのです。これはたしかに一つの神話的な要素には違いありません。しかし王様が卵から生まれたとか、太陽の光が窓から射して、卵がかえって生まれたとか、そういう卵生説話、中国にも朝鮮にもありますが、そういう異常出生説話などは、単独の一つのお話であって、神話とはいえないのです。このような説話がいくつも重なって、体系をなして、一つの神話の世界というものが構成され、はじめて神話というものが生まれるのです。エジプトにも、オリエントに

も、日本にもそういう神話はあった。半分は作りあげたものでしょうが、古い伝統があって成立したとみてよろしいと、私は思います。

中国の夏《か》の時代のことはよくわかりません。夏の啓《けい》という王様の出生について、禹が治水につとめて働いているとき、熊の姿となって山下をめぐっていたところを、禹の后がそれをみて恐れ、石になってしまった。その女は禹の子をはらんでいたので、禹はその石の前に立ち「わが子を返せ」と叫ぶと、石が割れて啓が生まれたという。その啓が夏の王朝の先祖です。これは神話に近いけれども、一つの異常出生説話です。神話は自然的な世界、神々の世界、それから人間の世界の全体を、一つの体系として語るのでなくては、神話とはいえないのです。わが国では「天地の初めて發《おこ》りし時、高天の原に成りませる神の名《みな》は……」といって、天地の創世の時代から語っていますから、事実のありなしにかかわらず、神話の形態をとっている。しかしこのような体系のある神話は、中国では殷王朝しかもっていない。殷は天地創世の神話をもっています。河も彼らの先祖であった。雲もあるいは時も神であった。たとえば十日間のことを旬という。旬は雲のような字を書きまして、神様のなかに入っているのです。だから旬を祀るということがある。雲は雲のなかに龍が頭をつっこんでいる形です。下はおそらく龍の形。だから雲も龍というような霊物を含んだものであり、旬もまたそういうものと考えられて、お供えをし、お祀りをします。

さて『資料5』のところに、いろいろ神様の名前を出しておきました。最初のとこ

【資料5】神話関係卜辞例

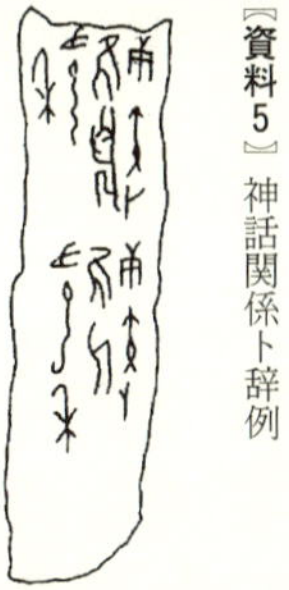

1　夔と河（粋・一一）

庚寅卜す。隹《こ》れ河は禾に壱《たたり》せんか」（下）

庚寅卜す。隹れ夔《き》は禾に壱《たたり》せんか。（上）

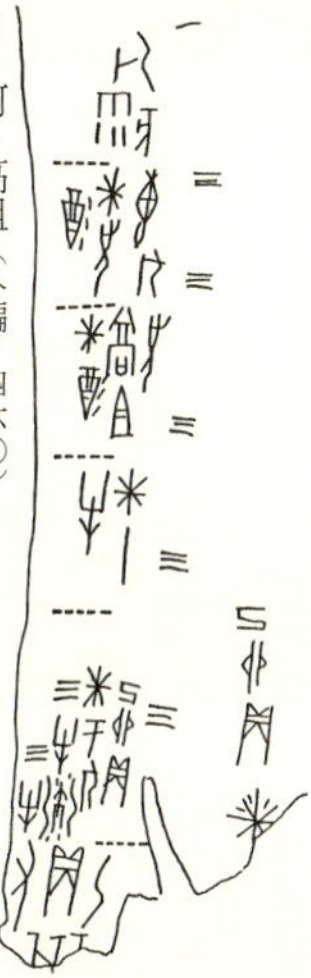

3　河・高祖（外編・四六〇）

己卯貞《と》ふ。河に三牛を燎《や》き、三牛を沈めんか。（五段）

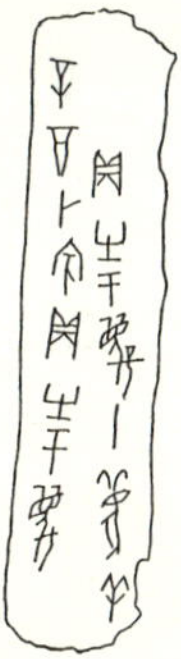

5　蔑（簠・人・二八）

辛酉卜して㝊貞《ひんと》ふ。蔑《べつ》に侑《いう》せんか。

貞ふ。蔑に十兔・羊を侑せんか。

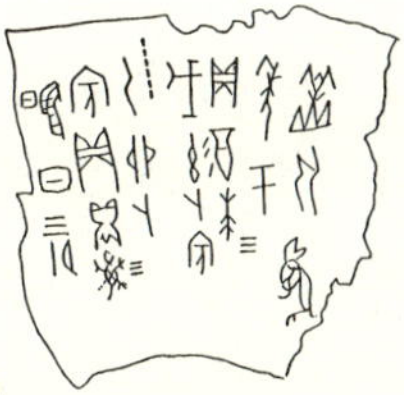

2　岳・河・夔（前・七・五・二）

戊午卜して㝊貞《ひんと》ふ。酒《まつり》して年《みのり》を岳・河・夔に求めんか。（右）

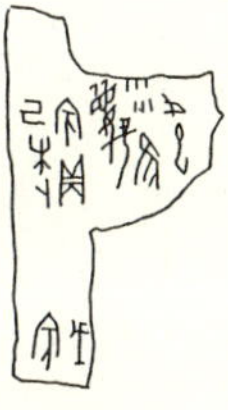

4　蔑（前・六・七・七）

己未卜して㝊貞《ひんと》ふ。蔑《べつ》の雨ふらしむるは、隹《こ》れ壱《たたり》なるか。（上）

6　王亥（佚存・八八八）

辛巳《しんし》卜して貞《と》ふ。王亥・上甲は河に即《つ》かんか。

7　先公名と王統譜（粋・一一二）

（この片には上甲・報乙・報丙・報丁・示壬・示癸の先公名と大乙・大丁・大甲・大庚の王統譜がみえる）

夔

ろに「庚寅《こういん》卜す。隹《こ》れ河《か》は禾《か》に壱《たたり》せんか」、これは下の方ですね。その上は「庚寅卜す。隹れ夔《き》は禾に壱せんか」とあります。夔という字、たいへん不思議な形に書いてございますが、かりに活字体にしますと、この夔という字に直す以外にはない。殷の甲骨のなかでは夔も高祖として書かれている。また河も、岳も高祖とよばれています。二番目に岳が出てきますね。「岳・河・夔」のところ。左の方から読みます。「戊午卜して穷貞《ひんと》ふ。酒《まつり》して年《みのり》を岳・河・夔に求めんか」と、神様の名前を三つ並べています。河につきましては、3の「河・高祖」、その三段と二段目に「先づ高祖に燎酌《れういう》せんか」、「叀《こ》れ河に燎《ひまつり》するに、先づ酌《いう》せんか」と書いています。河は黄河のことですが、単なる自然の河でなく、彼らにとってはこれは祖先神であったわけです。

　夔という字については、王国維が非常に苦労して論証をしておりまして、これを夔と釈してよろしいかと思います。最近、石牟礼道子さんの能で「不知火」というのがありまして、東京でも、熊本でも上演され、新作能としては私は非常に傑出した能であろうと思います。私は何回か招待されたけれども、京都から出るわけにはいきませんので、DVDを送っていただき、家で見ているのです。その一番最後にこの夔が出てまいります。万霊すべて滅び去ったあとに、新たに生をうけて蘇る、新しい若い男女が、その悦びを舞い踊るというとき、最後にこの夔が出てきます。これは音楽の祖先神、楽祖とされているもので、多分私の書物で読まれたのであろうかと思います。『尚書』の堯典のなかに、夔が石を打って調子をとると、「百獣率《ことごと》く舞ふ」と書いてありますが、実はもっと古く卜辞に出てくる。それが「尚書」にちがった形で残っているのです。

この「尚書」のなかに出てくる神様が、殷の王統譜の神々として出てきます。そうすると殷の王朝は、完全に神話的な世界を王統譜にとり入れて、しかも王朝の儀礼として、その神話のなかの神々を、祭祀の対象としてとり入れている。これは十分な意味において、神話の体系をもった王朝であるということができる。中国の古代王朝はいくつかありますが、このような意味において、神話的な体系をもった王朝は他にありません。

だいたい古代王権の条件は、自分の文字をもたなければならないのです。エジプトの古代王権はヒエログリフをもっていた。オリエントでは楔形文字をもっていた。中国では甲骨文字をもっていた。日本もだいたい同じ条件ですから、文字をもつべきであった。ところが、わが国では文字が生まれる前に、漢字が来てしもうたのであります。仕方がないから使うことにしたのであって、決してこちらからいただいたと卑下することはないのです。日本人は、中国人の使わない方法で漢字を使う。音は中国歴代の音をだいたいもっている。周代の古音からはじめて、唐宋の音、清代の音にいたるまでの音をもっています。それから訓。これは日本語で全部読みくだしてしまう。漢字は読みくだかれて国字になっている。だから、あれを漢字とよぶのは十分でなく、わが国では国字とよんでもよい。訓読の使い方は、中国にはないのです。中国では煉瓦を積むように、ポツンポツンとした言い方以外にないのです。孤立語ですからね。しかし日本の場合には、曲がりくねって、腰を捻って、実に表現豊かに読むことができる。漢字をこのように使いこなすことによって、国語の表現力が豊かになったのであろうと、私は思うのです。漢字の本質をもっと究めていきましたならば、そういうものを通じて、東洋の文化の本来のあり方というものを、明らかにすることができるであろう。そういうことを考えて、私は特に殷代のような古い時代のことを調べているのです。

〔資料5〕の六番目の「王亥」に、「辛巳卜して貞《と》ふ。王亥《がい》・上甲は河《か》に卽《つ》かんか」という卜辞があって、その王亥のところに、ちょっと矢印をつけておきました。この王亥は、中国の古い神話を伝える『山海経』のなかに、王亥が鳥を喰らうということが記されているのです。その神話の意味がよくわからなかったのですが、ここで王亥は鳥をかぶっている形になっています。王亥と鳥が、何かそのような神話的伝承があって、それが文字の上に形として残されていると思われるのです。これはいわゆる神話書記法です。またその左の7に「先公名と王統譜」が出てきますが、この王統譜をみますと、左の行の下の方に、田のような字がありますが、これは上甲です。それから矢印をつけておきました報乙、中央の行の上にいきまして報丙、報丁、示壬、示癸というふうに書いてあります。上甲の甲は四方から拝むことのできる祀堂の形です。祀堂があって、そのなかに上甲が祀られている。乙、丙、丁の形は、四方の一面がそ

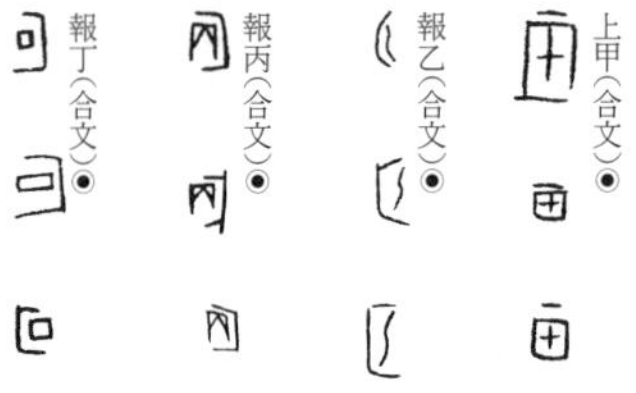

夷　夏

れぞれ開いていて、そこで祀る。だからあわせて四人ですが、後の二つ示壬・示癸をあわせまして、六示《りくじ》といいます。これはだいたいわが国の神代《かみよ》にあたる。六示のうちの最後の二人になりまして、はじめて后《きさき》がある。前の方の四人には后がない。この后のない神と人との間、これがやはり神話のなかに入るのですね。日本の神話のなかにもそういう神様が何人か出てきまして、それらの神々はみな独り神で、「獨り神となりまして」世を終えられたと書いてある。この六示の場合も上の四人は独り神となりまして身《み》を隠したもうた。このようなことも、殷王朝とわが国の古代王朝との間に、相通ずるものがあることを、ちょっとお話しておきたかったのです。

　中国の古代文明を考えますときに、沿海族の方をえびす、夷といいますね。夷という字は腰をこう曲げた字です。普通の人なら直立しますが、これは腰を曲げている。日本人も沿海の人も、みな夷《い》居《きょ》してお辞儀をしますから、それで夷という。それから西域の方は、夏《か》といいます。夏は大きな顔をした男が、足を挙げて踊っているという形です。足を高く挙げたりしている。顔が大きく、背が高い。これはだいたい西域の系統で、東洋人ではありませんね。これが中国の西半分を占領していた。のちになって西をつけて西夏というように、この地では夏という字を選んでいるが、これが夏系統の民族です。

　貞卜ということは、殷の時代になりましてから、亀の甲を使う。あるいは牛の肩胛骨を使って占いをするのですが、〖資料6〗に亀の甲を一つ出しておきました。まだ一部分欠けていますが、これは実は二つあわせてあるのです。本来は完全な形をしていた。発掘をしたときには、全部完全な形であった。安陽の小屯で、甲骨を埋めてあるところが見つかったとき、実に丁寧に埋めてあった。亀の甲を丁寧に重ねて、その上にところどころに犠牲をささげて、おまつりなどもしていたらしい。亀の甲で占うというのは、単に占うのではない。必ず肯定と否定の命題を出して、しかも何回も占っている。そして、王様が「王固《うらなひみ》て曰く」と、裏側に判断の言葉が書いてある。だいたいは、「先に占ったことは、その通り実現できた」と書いてある。そうするとこれは、占うという単純な儀式としてやっていることではないのです。もっと重大な意味があったにちがいない。しかし私がこの研究を始めたころには、これは占いの記録であり、用事がすんだから棄てたものだといわれていた。のちの王朝では、王様の毎日の記録をとっていた。これを「起居注《ききよちゆう》」といいます。わが国でも「日本書紀」は編年体になっていて、当時の記録があったかどうかわかりませんが「続日本紀」以下はすべて起居注の形式です。その日その日に記録したもので、いわゆる実録です。それで甲骨文、卜辞も、そのような記録であるという説があったのです。しかし私は、卜辞は占うこと自体が王の存在そのもの、その神聖性に関する一つの儀式であると考えた。なぜかと申しますと、王の安全を卜するために、今晩という時間を限定して十回ぐらい、その占いを続ける。また卜旬といって十日ごとに日の吉凶を卜する。さらに月ごとにする。こういう占いをしているのです。これは吉凶を卜するのでなく、占いという形式によって、王の神聖性を守り、神の加護を求める行為です。だからこれは単なる記録ではなく、王の存在性格そのものを規定する、古代王朝的な儀礼である、という論文を書いたのです。これが私の処女論文であり、私はそこから出発した。甲骨文について

○一○

中國書譜二一・一　甲釋附零拥零

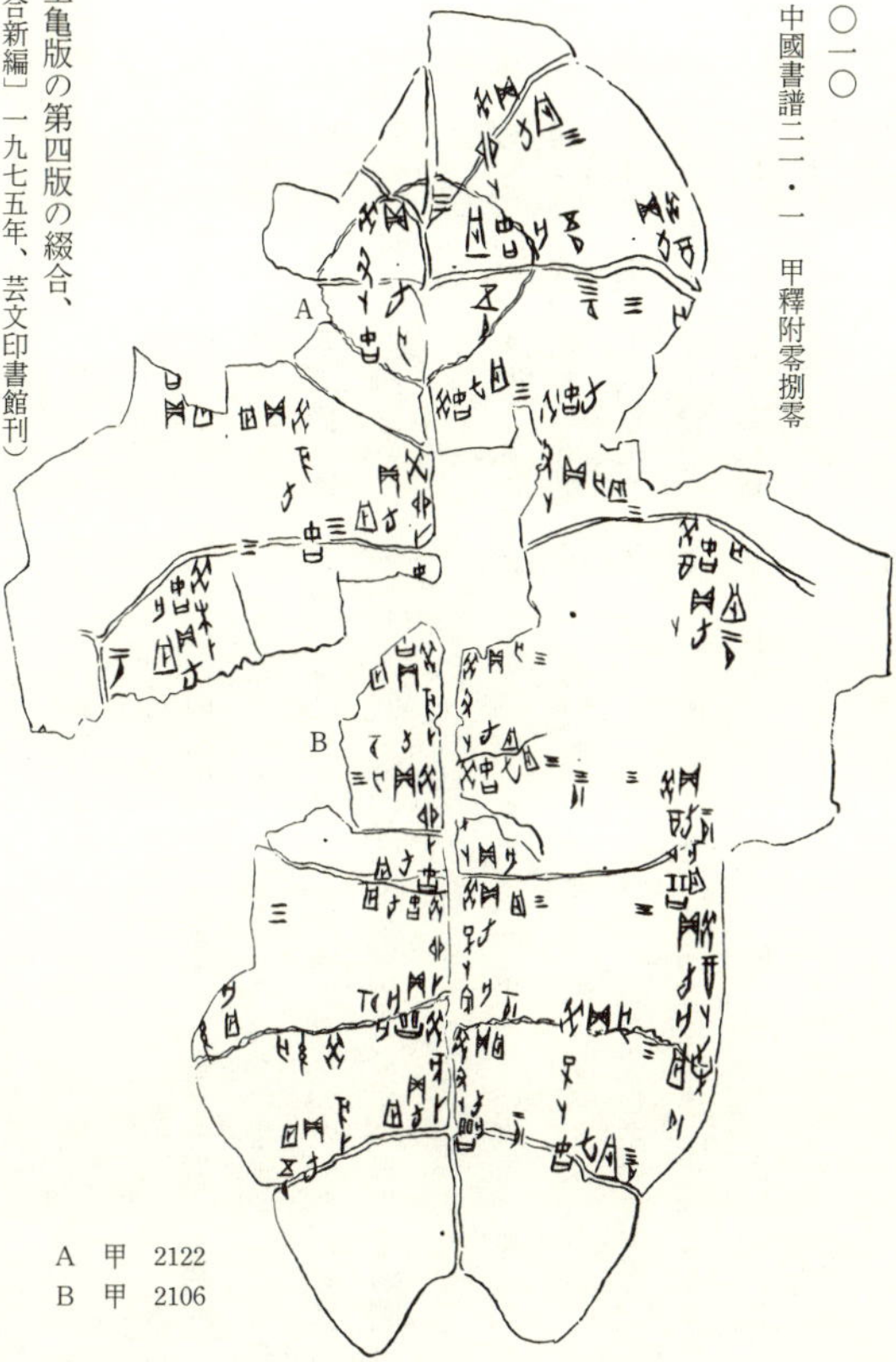

A　甲　2122
B　甲　2106

【資料6】安陽大連坑出土亀版の第四版の綴合、卜旬亀版（厳一萍〔甲骨綴合新編〕一九七五年、芸文印書館刊）

骨というものは決して単なる記録というようなものではない。現にあるその王朝の神聖性を護り、その後も生きて働き、一つの霊的な力をもつものとして機能する形式として存在した。そういう論文を書いたのであります。

このように甲骨文は、トうたのちもたいへん厳重に、鄭重にお祭りを加え、犠牲を添えて祀られていた。ところがこれが発見されましたとき、ちょうど中国では、日本が満州国をつくり、蘆溝橋をこえて華北に乱入するという時代であった。だから董作《とうさく》賓《ひん》先生などが、この発掘をしているときに、もう間にあわないのです。日本軍が間近にやってくるに違いないというので、一つ一つ鄭重に掘ることができない。だから土のまま切り出して、大きな箱に詰め、上下に板をあてて、そのままで南京に運んだ。南京も危ないというので、重慶に運ぶ。昆明に運ぶ。戦争が終わってビルマ・ルートで広東に運び、やっと南京にもどってきた。ところが今度は国民党と共産党との内戦で、また巡洋艦にのせて台湾へ運んだ。枠はちゃんとしてあるのですが、中はボロボロになった。今なお継ぎあわせ作業をしているのです。これはその継ぎあわせの途中ですね。まだあとの部分はみつかっていないのです。もう何十年になりますか、六、七十年にもなるのでしょうが、まだその作業をしているのです。

次の『資料7』にまいります。ここにト辞の例を出しておきました。これは祖先の祭りを三段階にわけまして、日を追いながら祖先の廟号の干支の順にあわせてずらしながら、この祭りを繰り返してゆくのです。そうしますと、その祭祀を一巡するのに、

〔資料7〕五祀周祭例、祖甲十四年（董作賓『殷暦譜』下編巻二、祀譜一、祖甲祀譜）

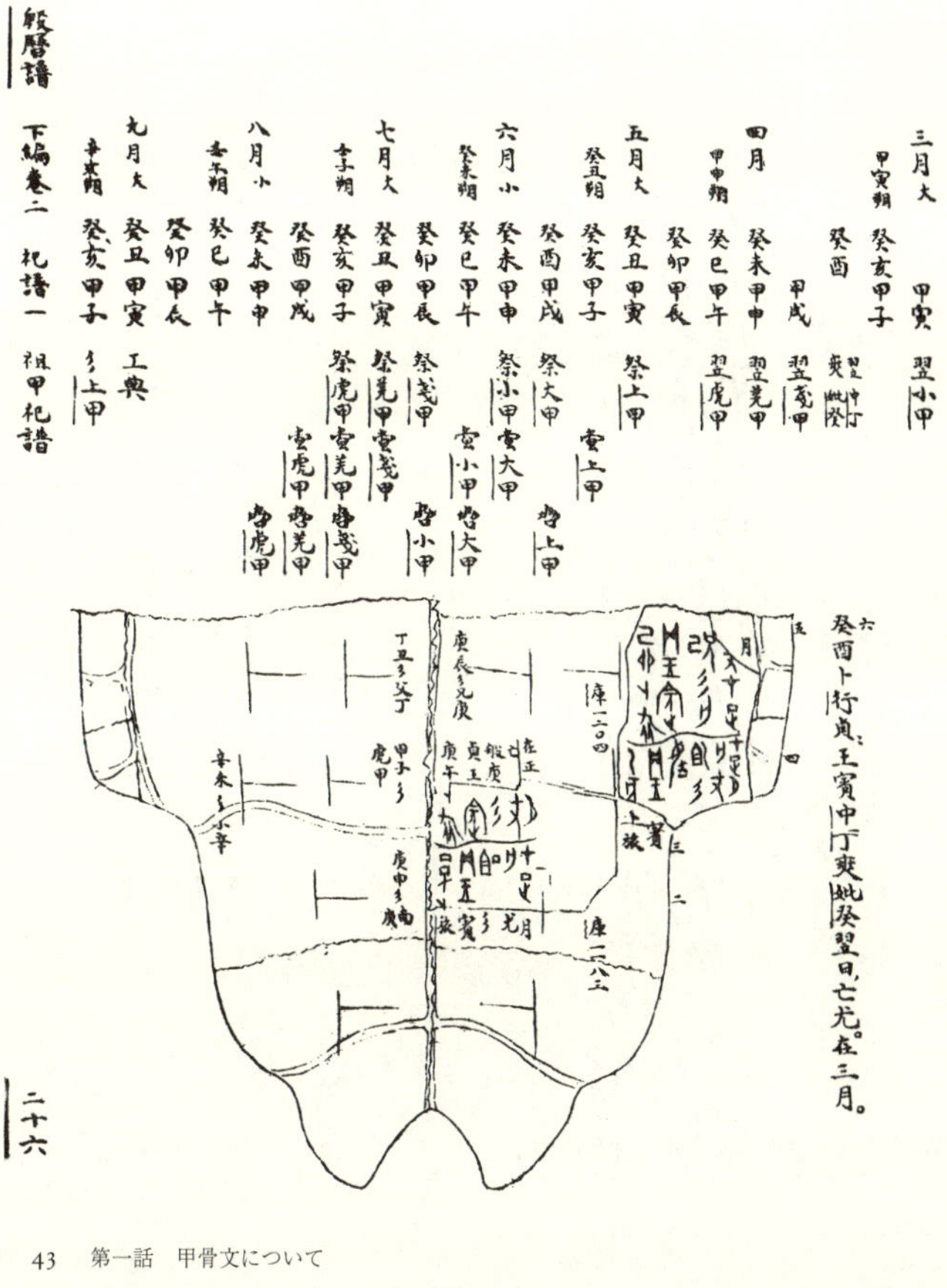

三月大 甲寅朔 甲寅 翌小甲
癸亥甲子
癸酉 翌中丁奭妣癸
甲戌 翌戔甲
四月 甲申朔 癸未甲申 翌羌甲
癸巳甲午 翌虎甲
癸卯甲辰
五月大 癸丑朔 癸丑甲寅 祭上甲
癸亥甲子 壹上甲
六月小 癸未朔 癸酉甲戌 祭大甲 劦上甲
癸未甲申 祭小甲 壹大甲
癸巳甲午 壹小甲 劦大甲
七月大 壬子朔 癸卯甲辰 祭戔甲 劦小甲
癸丑甲寅 祭羌甲 壹戔甲
癸亥甲子 祭虎甲 壹羌甲 劦戔甲
八月小 壬午朔 癸酉甲戌 壹虎甲 劦羌甲
癸未甲申 劦虎甲
九月大 辛亥朔 癸巳甲午
癸卯甲辰
癸丑甲寅 工典
癸亥甲子 彡上甲
六 癸酉卜行貞：王賓中丁奭妣癸翌日，亡尤。在三月。

【資料8】 卜辞諸例
（厳一萍［甲骨綴合新編］一九七五年、芸文印書館刊）

萍廬甲骨研究集之一
六六二　綴三一一

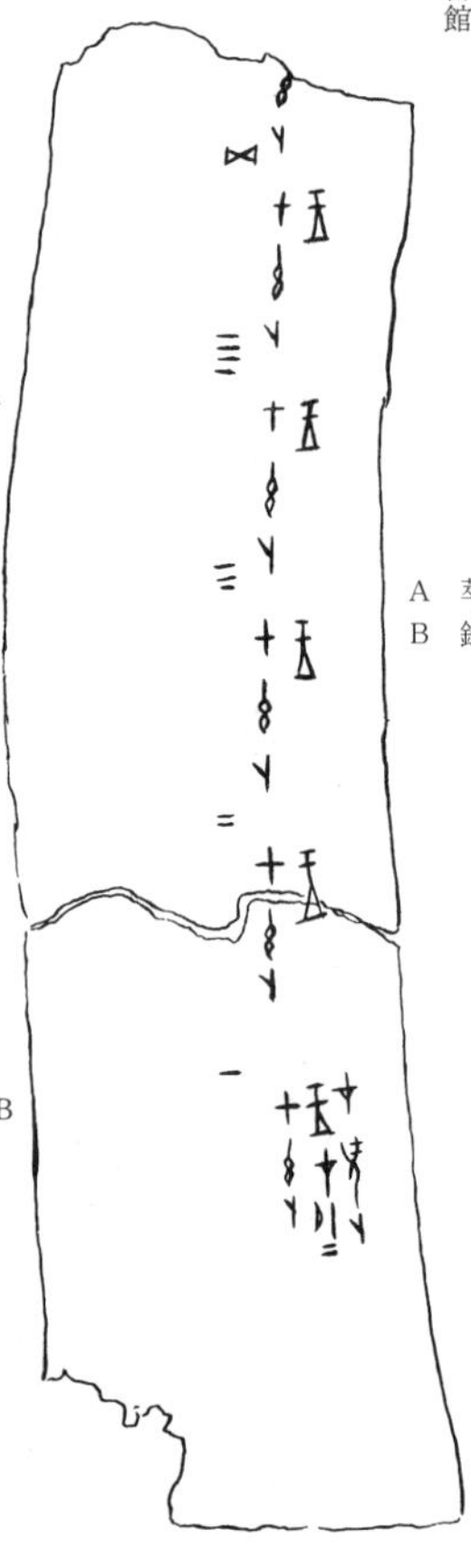

A　萃　1330
B　錄　720

萍廬甲骨研究集之一
五八〇　明續二三

A　明後　B2459　南明477
B　明續　B2452

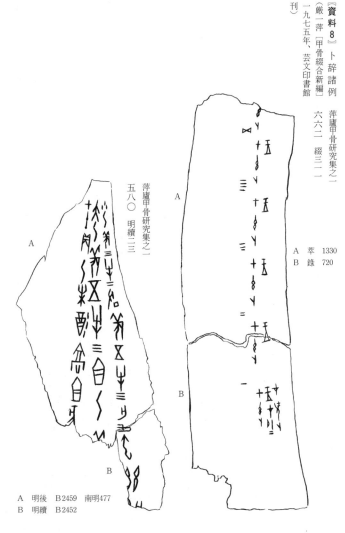

五二三　綴二三二　萃九五九

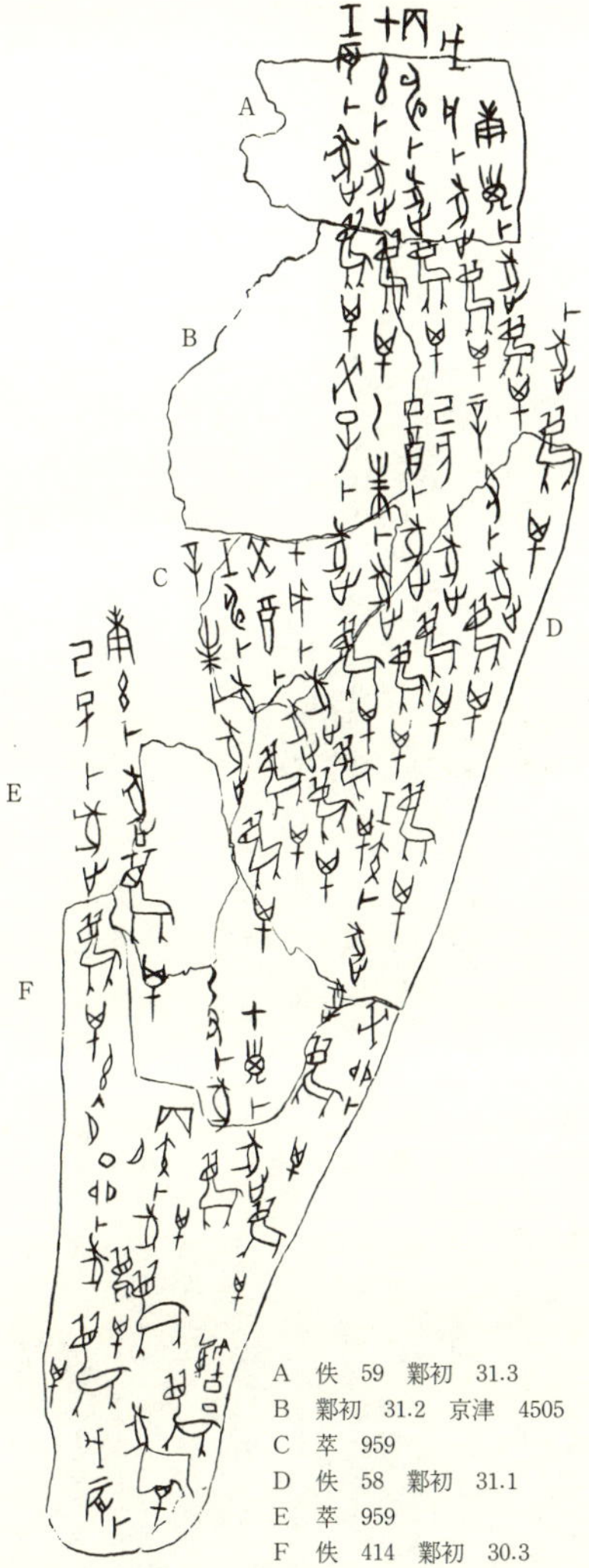

A　佚　59　鄴初　31.3
B　鄴初　31.2　京津　4505
C　萃　959
D　佚　58　鄴初　31.1
E　萃　959
F　佚　414　鄴初　30.3

五〇八　綴二八三

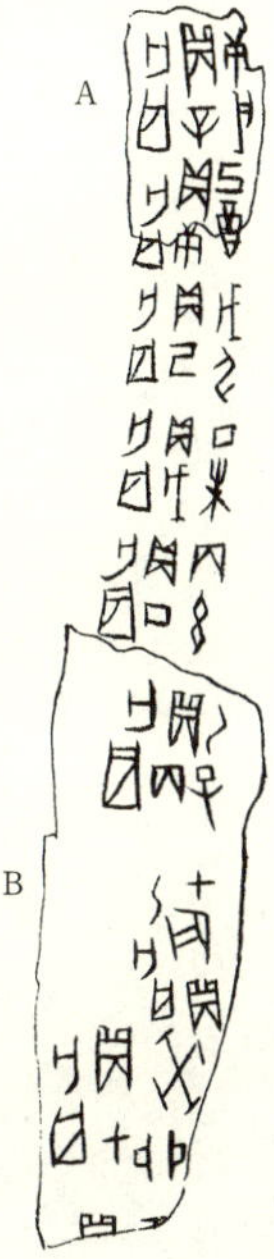

A　輔　86
B　鄴　3.41.11

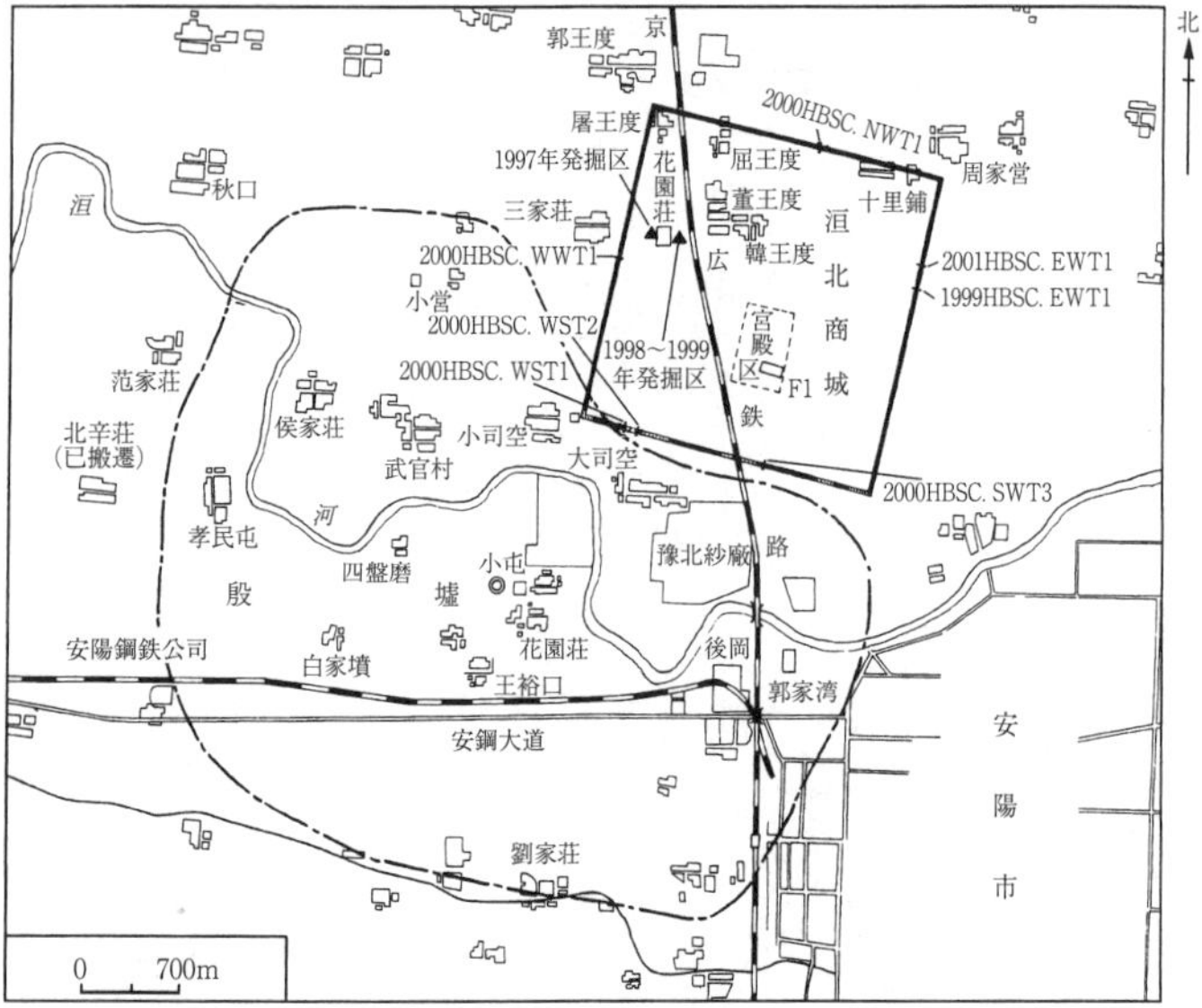

ちょうど一年かかる。一年たちますと「これ王の一祀」、第一の祭りの年という言い方をするのです。先に、卜辞というものが王の神聖性を保つために、場所的にも時間的にも、継続的に占いをしていたとお話ししましたが、それは現実の王の世界だけでなくて、過去の先祖やお祭りにも、あてはまるようにやるのです。だから一年というのは、空疎な時間ではなくて、その祭祀儀礼を通じて、今の王朝と時間的につながるものとなる。つまり歴史は時間的に今とつながるという形の実践として、このような祭祀方法が行なわれていた。ただお祭りをしているというのではないのです。こういうことを考えますと、殷の貞卜というものは、単にそのことの良し悪しを占うということだけではなくて、常に王朝の存在の歴史と場所とを、その全体を含んだものとして、そういう世界のなかで行なわれているというふうに考えるべきであろうと思う。

〖資料9〗殷墟と洹北商城の位置関係図（『考古』二〇〇三年五期）

これが私が「卜辞の本質」において述べた議論であります。

〖資料8〗には、甲骨のいろいろな例をあげておきました。ご覧いただくだけでよろしいのですが、三番目の五〇八は、ずっとのちの甲骨の書き方で、文字が非常に角張っていますね。また最後の五二三は、ちょっと戯《ざ》れ書きのような、あるいは文字の稽古をしたのではないか、と思われるような字になっていますね。

〖資料9〗は殷墟の地図です。従来はこの洹北商城という部分は発見されていませんでした。その左下の小屯を中心にしまして、大司空・小司空・武官村・侯家荘、こういうところが発掘調査されて、いろいろ殷の遺跡が出てきた。特に小屯は殷の王墓が集っているところで、まずここが発掘調査された。しかし殷の当時の都の跡がどこにあったのか、その都城の跡はしばらくわからなかったのです。この地図で、洹北商城と書いてあるところ、そこに宮殿区と書いてありますが、ここが殷の都の跡であることがわかりまして、現在調査されています。その報告がいろいろ出ているのです。この調査が進みましたならば、おそらくその城の状態というようなこともわかるでありましょうが、まだ詳しい調査報告はなされていません。

〖資料10〗の図は、小屯のちょっと西の方になるのですが、婦好という墓が見つかった、その墓室の銅器配置図です。だいたい小屯の殷の王様の墓は、ひとつとして満足なものはなかった。全部盗掘されているのです。しかもそれは、築造後間もないころに盗掘されている。だいたい地下の陵墓ですから、実際は所在がわからないはずで

〔**資料10**〕婦好墓墓底大型銅器分布示意図
（〔殷墟婦好墓〕一九八〇年十二月、文物出版社刊）

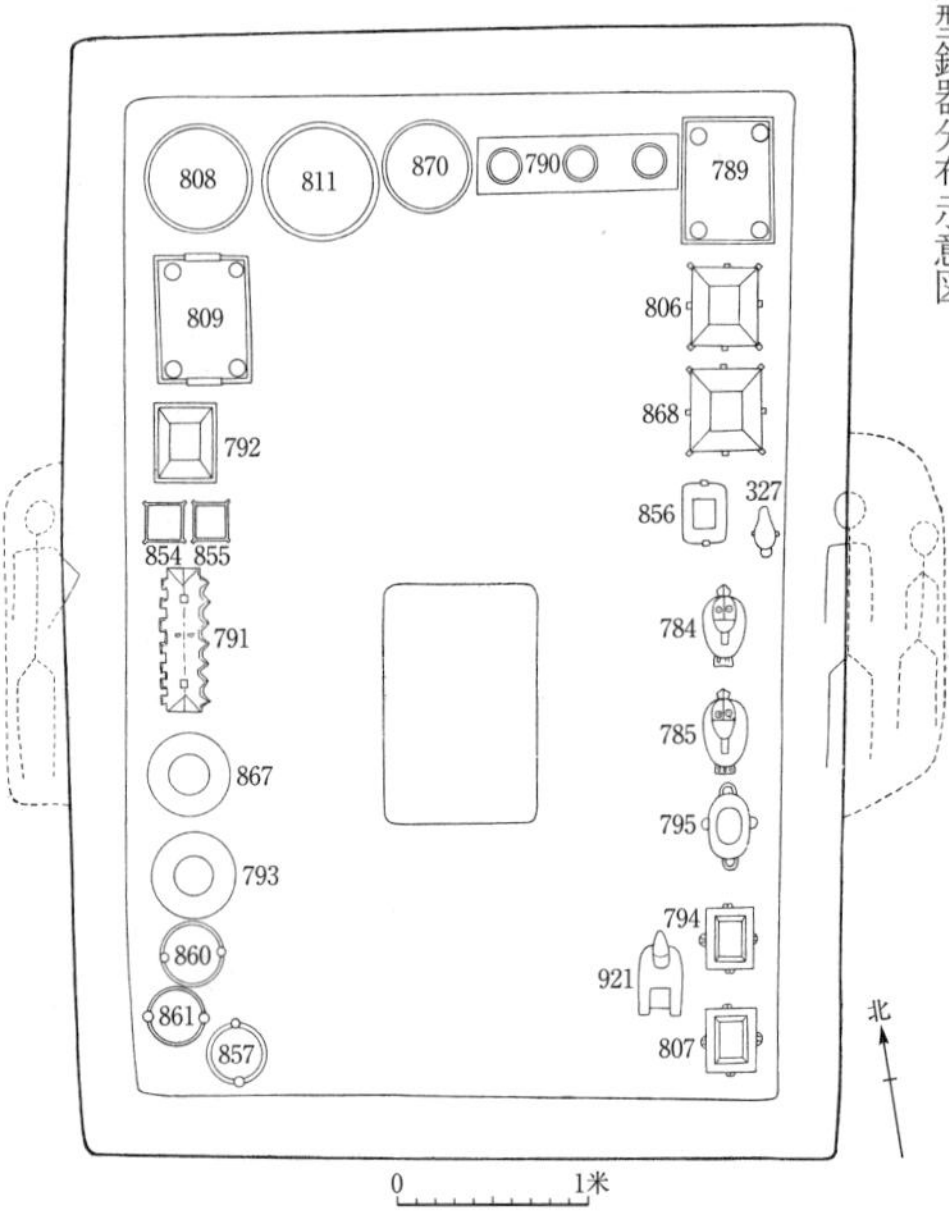

789．大方鼎　790．三聯甗架　870．連體甗　811．盉　808．大圓鼎　806，868．方尊　856．方罍　327．觥　784，785．鴟鴞尊　795．壺　794，807．方壺　921．石鸕鷀　809．大方鼎　792．方尊　854，855．方斝　791．偶方彝　867，793．圓尊　860，861，857．圓斝

すね。しかし作って間もなしに盗掘されているということは、墓の事情を知った者が関与していたであろうし、また主なものはほとんどなくなっている。だから中のものがどういう状態であったのか、これはほとんどわからないのです。小屯から出土したと考えられる殷の青銅器は、おおむね盗掘品です。いずれの国におきましても、古墳

のようなものは、どこでも荒らされているのです。日本の場合も同様で、出土物によって古代のことを考えるのは多くの場合、困難になっている。中国の場合でも小屯のもの、あるいは長安・洛陽の西周時代のもののほとんどは盗掘品ですから、記録としては出所不明になっているものが多い。

ところが、この婦好の墓は、たいへん幸いなことに、この上にまた一つ別の墓が作られていた。つまり二重底になっていた。そのために盗掘を免れて、殷代の王墓規模の墓としましては、ただひとつ完全な形で残っていた。これはたいへん幸いなことであると思います。ここに婦好墓の器物の配置図をあげておきました。器物は現物が全部残っております。そしてそれに銘文が書いてございます。そうしますと、どのような銘文の器が、どの場所を占めていたのかがわかります。この図の左上の丸いところ（808）の大円鼎には、おそらくは男性の聖職者であったと考えられる人の名前の銘（「亞弜」）がある。また反対の右上（789）の方の大方鼎の銘文には、女性の聖職者の名前であると考えられる名前の銘（「司母辛」）がある。そのように、東西にそういう聖職者、つまりこのお葬式の司会者の銅器が、上辺の左右に置いてある。中間のところには、祀られる「婦好」「好」の名前をつけた青銅器がある。そして両側に上の方から、婦好の名前を録したもの、婦好と特別の何らかの関係をもったであろうと思われるような銘文のあるもの、おそらくは親縁の関係者の器が配列されているのだろうと思います。多分すべての王陵がこのような形で、きちんと定められた配列で、青銅器が配置されていたのだろうと思うのです。そういうものが残っておりますと、当時における祭政の関係、行政の関係、部族の関係というようなものを、具体的に追跡することができたであろうと思いますが、残念なことに、そのような陵墓の状態は、この婦好墓しか残っていない。しかし幸いにもこのひとつが残っていますので、ある程度のことは推測することができるかと思うのです。

だいたい甲骨文というものを中心にお話するということでありましたが、実は甲骨文については、それぞれのことを既にこれまでの講話でお話したこともたくさんございます。それで殷王朝の存在性格というものが、古代王権として、古代の王朝として、わが国の古代王朝とどのようにかかわりをもつのかを考えてみたい。勿論、時代は千数百年はなれておりますから、直接的な関係はあるはずがありません。しかし地域的に、あるいは歴史的な段階として、何か相通ずるものがあるのではないか、ということは一応考えられる。

私は殷王朝はわが国と非常な親縁の関係にあったというふうに考えております。わが国でも太占《ふとまに》という、甲骨による占いのやり方をしていたことがあります。それは『古事記』の神代記あたりにも、太占の話はいろいろ出てきます。それから古代における亀卜の方法は、中国には伝わっていません。『史記』の列伝のなかに亀策列伝というのがあって、文献としてはその占卜の法が書いてありますが、卜法の実際はわからないのです。ところが日本には、壱岐・対馬あたりに伝えられておりまして、古代における卜法がそのまま残っているのです。伴信友がそれを書きとめて「正卜考」三巻を著わしています。卜いをやりますときに、まず亀甲の裏側に棗《なつめ》形に深く刻りこむ。またその横へ鍋形にまるく刻りこむ。そしてその鍋形の部分を灼くのです。灼くと表に、棗形の底には縦の割れ目の線が現われ、鍋形の底には横のひびが走る。その割れ目によって占うわけですね。小さな、錐できゅーと彫りこんだような穴ですから、ここに強い火をどうして当てるか、その方法はたいへん難しい。ところがわが国に伝えられたその卜法によりますと、それは桜の木の一種である木を使う。その木を灼いて、その先を当てると書いてある。またその裂け目の吉凶の判断の仕方なども、誰がいつ伝えたのかはわかりませんが、わが国に伝わっていて、伴信友がその、「正卜考」に書き取っています。これは多分、古代の殷王朝の卜法に近いものではないかと思うのです。これがまず一つ。

第二には、殷王朝は子安貝を非常に貴重な宝として用いた。わが国でも子安貝は宝として用いられた。生産力の象徴として、その呪力が信じられていたのでしょう。しかし周王朝には全くその気配はありません。周には臣下にご褒美に貝を賜うという例はない。周王朝になってからの青銅器の銘文で、貝を賜うと書いてあるものは、相手はみな殷系の子孫です。殷系統の部族には貝が与えられている。この貝を宝として尊ぶということ、これが彼我共通の第二点です。

第三には、先にいいました継統法ですね。どうもイトコ婚のような形の近親婚で、継統法が組織されていたのではないか。これは周の王朝にはおそらくなかろうと思う。周ははっきり異族婚の形をとっておりますから、これはないはずです。この三つが殷王朝とわが国の古代王朝と、きわめて類似しているところです。

それからまた、おそらくは古代王朝としての統一の過程において、職能的部族として全体が組織されてゆくというのも、たぶん日本の古代王朝のやり方と同じであったと思います。前にもお話しましたように、雄略朝を前後して、あの部の組織が非常に進んでまいります。その時代に、東の方の埼玉県あたりから稲荷山鉄剣銘が出る。九州からも同じくワカタケルの名を刻した剣銘が出る。殷の図象銘が各地から出るように、わが国でも職能的部族が組織されて、その組織化の上に古代王朝が成立した。また鉄剣銘の出土の状態は、必ずしも殷の銅器を四辺にめぐらすというような形と同じであったとは思いませんが、少なくとも同様の観念は、出雲の古い青銅器である銅鐸を、谷の坂の斜面に並べて叩きこむように埋めるのと、非常に似ていますね。だから青銅器に対する古代的な観念が、殷王朝の場合とたいへん似ている。これは周王朝には例のないことなのです。

殷の王朝ができましたのは、実に古いことです。その滅びましたのが紀元前一〇八〇年前後。それからこの安陽期まで、約三百五十年ほどさかのぼりますから、紀元前一四三〇年ぐらいになるかと思います。わが国の古代王朝の成立が雄略朝ならば、まず五世紀後半あたりにできたことになる。紀元後四七〇年代ですからだいたい前後二千年ほどもひらくのです。しかし、それにもかかわらず、青銅器に対する観念、その扱い方、また占いのやり方、あるいは王統譜の王位継承の方法、そういうものにおいて、たいへん似たところがある。そういうことを考えますと、これは単なる影響関係によって生まれたということではなくて、ある種の歴史的な条件が、必然的に同じような形態をとったであろう。つまり東アジア的な形態というものが、かつて存在したであろう。そういうことを証拠だてる非常に基本的な事実であるというふうに、考えることができると思うのであります。

だいたい私が殷代のことを考えますときには、日本のことをその背後において考える。よそのことを考える場合にも、そもそも自分の方はどうかということが、いわば問題提起の基本としてあって、はじめて外の研究が役立つわけですから、私は殷の古代王朝について、わが国の古代王朝との関係が如何なるものであるか、そこに時代をこえてどのような同質性があるか、まずそういうことを主として考えてきました。本日はだいたいそれについての、結論的なことをお話いたしました。

ちょっとお聞きづらいことが多かったかと思いますが、どうもこの夏は、暑さが続いて、これでもかこれでもかというような変調でありまして、私もこれでもかというつもりで休まず仕事をやりましたので、ちょっと今疲れが出ております。たいへん申しわけないことですが、お許しを願いたい。これで本日のお話を終わります。

第二話

金文について I

青銅器に銘文を加えるようになったのは、殷の武丁期ころからであろうと思われる。初期の銘文はほとんど氏族の図象、あるいは父祖名のみであった。青銅器はもと宗廟の祭器であったが、祖先の祭祀のみでなく、呪器としても用いられた。たとえば湖南寧郷の山谷の間には、重厚な彝器三十器近くが出土する例がみられるが、それらは、特に呪力のあるものとされたのであろう。殷代の青銅器は、祭器であるとともに、また山川の呪鎮としての機能があった。

殷は神政国家であったが、これに代った周はいわば理念的な国家であった。殷の政治は占卜や祭祀によって行なわれたが、周は天意を奉じて、その徳によって治めるという、天命・徳治の思想を掲げて、天下に臨んだ。殷の金文には思想的な内容のものはみられないが、周初には長文の銘をもつものがあり、作器の事情を述べること詳密、また思想的内容の豊かなものがある。

殷器の銘文にはその字体が直方で雄偉なものが多く、周初には字形に肥瘠《ひせき》を加えて秀媚の趣を示すものが多い。周王朝創建の業は、文・武より成・康の世に至ってほぼ成就したと考えられるが、器制もこの時期のものが重厚、あるいは秀麗の趣があり、その製作・文様、また銘文において、最も優れた器を残している。殷周青銅器の精華の時期であったということができよう。

白川でございます。いつも新しい年を迎えますと、この年はどのようであってほしいというような願いをもって迎えるのですが、何分にも昨年はわが国も大惨害に見舞われ、暮れにはインド洋で大変な地震・津波が発生して、多数の方が犠牲になられた。そういう暗い記憶がそのままございますので、あまり楽しい夢をみることはできません。

幸いに今日は非常によい天気でございますので、できるならばこのようなうららかな天気をもって、この一年の間に、この多数の人々が受けられた創痍から回復されて、安らかな平常の生活に速やかにもどられるように、お祈りしたいと思います。あまりにも激しい惨害でございましたので、そういう方々のことを、心に留めておきたいと思います。

前回は甲骨文のお話をいたしました。殷の時代の甲骨文とはどういう性格のものであるのか、そこに表われている事実は、その時代のどのような生活と意識とを反映しているのかというようなことを、例を挙げてお話したわけでありますが、その結論として、私は殷王朝の古代王権としての性格が、わが国の古代王権の性格ときわめて似ているということを、ごく結論的に、箇条書きのようにしてお話をしたかと思うのであります。

第一に似ているのは、王権の継承、王統です。王統譜において、殷王朝では族外婚をほとんど行なわず、族内で近親婚的な結婚を続けていたのではないか。それによって、王統の純血性を守るというような考え方があったのではないかということを申しておきました。これは、わが国でも古い皇室の王統譜をご覧になりますとわかりますように、后に立たれる方はほとんど王室関係の人であります。だからきわめて近親婚的な結婚が行なわれていたのではないか。こういう形態は他にはあまりないように思います。だいたい他の古代社会あるいは未開社会における結婚の形態というものをみましても、こんなに近親婚をしているところはありません。嫁のやりとりは、人をやりとりするわけですから、損得の計算になることがあるのです。だからAの村からお嫁をもらったら、Bの村からお嫁を返すという、そういう交替のやり方をしますから、そこに一種の規則性が成り立つのです。ところがわが国の古代にはどうもそういう形跡はない。殷代の王統譜をみましても、そういう形跡はない。これはきわめて異例な、しかも顕著な事実でありますけれども、これがどうも殷王朝とわが国においてははなはだ似ている。手近な例として、前回にも申しましたけれど、天智天皇の皇女四人が、弟の天武天皇の后になっておられる。その一人がのちの持統天皇です。兄弟の娘を妻にもらうのですから、これは随分近い近親婚です。だいたいそういうことが、歴代ずっと続いています。王統譜をながめていますと、やはりそういう方法がとられていたことがわかるのですが、これがまず第一に非常に大きな近似点であります。

それから、一般の生活におきましては文身・入墨ですね、入墨の風習があった。これは中国では沿海民族だけしかありません。奥の方の民族にはそういう習俗はないのです。沿海民族だけが、そういう習俗をもっている。殷は山東省から出た沿海に近い種族ですから、彼らも文身の俗をもっていた。日本には全国に文身の俗があり、ずっと後までも生まれた子どもの額に犬という字を書いて、その安産を祈るというのですが、生まれた後に安産を祈ることはありませんので、これは新しい生命に他の災いの霊が宿らないように、呪禁《じゅごん》として加える呪飾です。そういう入墨の習俗が殷の文化のなかにもあった。これは文という字自体が入墨をあらわす字であり、后をあらわす爽《せき》という字も入墨をあらわす字であり、上下通じて一般に行なわれていたものと考えられます。

また玉とか子安貝を非常に尊びます。これも中国大陸のなかでは、殷だけに特徴的にみられることであろうかと思う。それからまた、世界観として、あらゆるものが霊的な存在である。木にも山にも川にも土地の下のところにも、どこにでも神々がいるという汎神論的な世界観、これがやはり共通の考え方である。

そういうふうな点から申しますと、どうも殷と日本民族との間には、これは歴史的な時代の上からも、距離の上からもかなり離れているのですけれども、非常に重要な点において共通するところが多い。そして中国の他の民族との間には、そういうことがないのであります。周の民族になりますと、今申しあげたような事実はすべてないのです。そういうことから言いますと、日本と殷の民族との間に何か文化的な繋がりがあるのではないか。ただ殷は紀元前一〇八〇年ころにはもう滅びてしまっている。日本とは歴史的に時代が非常に違います。しかし殷的な観念が朝鮮半島を経由して、ゆっくりと日本へやってくるとしますとね、日本とのそういう繋がりというものも、考えられないこともない。そのときに少し申しあげたままで、あまり詳しくお話をしなかったと思うのですが、殷代の青銅器とわが国の銅鐸文化というものの性格を考えますと、これは殷の一番古い時代の青銅器の観念と、相通ずるところがあると思うのです。

だいたい青銅器は殷のはじめごろ、殷墟のある安陽に都しました武丁の時代から、盛んに作られています。武丁の后《きさき》の婦好という人の墓からは、たいへん立派な青銅器がびっしりとそのお墓の玄室に、棺を取り巻くようにコの字形にずらっと並んでいるんです。これは武丁期の青銅器に違いありません。おそらくそれよりも少し前に青銅器の文化が完成されたのであろうと思います。そういう古い時代の青銅器が、非常に不思議なところから出てくる。それは国の果ての果ての、異民族と相接するような境界のところから出てくるのであります。

前回にもお話しましたように、湖南省の寧郷附近から窖蔵の器が多く出土する（二七ページ、【資料4】参照）。墓に入れてあるのではなくて、土でただ被せてあるだけのものです。その出土表にあがっておりますのは、今では三十器近くもありますが、私たちが研究をはじめたころは、はじめの四行目ぐらいまで「一九五九年寧郷黄材」と書いてある、そのあたりまでが出ていた。それから後、随分たくさんの出土例が一九八〇年代に報告されています。私が研究をはじめたころは、この寧郷からは四器だけ出ていた。寧郷というのは、岳陽楼のある洞庭湖、揚子江の南、武漢三鎮の西南にあたります。洞庭湖の南の方に長沙という中心都市があり、その長沙の少し西の方に寧郷というところがある。その寧郷からこれらの器物が全部出てきているのです。しかしこれらが集まって出ているのではない。一つ一つ別箇に、しかも山の斜面というようなところに、そのまま埋めこんである。上からちょっと土をかけてね、そこに置いてあるのです。そこは祭りをするような場所ではない。山の狭い斜面のようなところに、こういうたいへん優れた青銅器が、ずらっと三十器近く、おそらく一定の距離をおいて埋められていたと思います。これらの器につきましては、前回にも大略のお話をしたのでありますが、表の一番最初に「四羊方尊《しようほうそん》」と書いていますね。これは方形の三段構成の尊、お酒を入れるものですが、一番上に羊の頭の飾りが四隅についているのです。だから「四羊犠方尊」と申します。その次は「銅の鐃《どう》」。これはあとでお

〔資料1〕寧郷出土の四羊犠方尊（中国国家博物館蔵）と人面方鼎（湖南省博物館蔵）

話しますが、釣鐘のような形をしたものです。それから「人面鼎」とありますが、四角の人面方鼎、その各面に人の顔が大きく鋳出されている。その顔はどうみても今の中国人ではない。私はおそらく南方の異人の顔であろうと思います。そういう面が、大きく顔だけ写し出されている。それで人面方鼎といっております。〔資料1〕に四羊犠方尊と人面方鼎の器影を出しておきました。他に「獣面紋卣」というのが出ていますが、これらはみな殷の青銅器の、それぞれ代表とするに足るほどの、極めて精巧な、また大柄な銅器なのです。そんなものが山のなかに埋めてあるのです。おそらく一定距離に埋められていて、上に被せてある土がおとされると露出してしまう。お墓

とも祭りとも何の関係もない。一つ一つの出土の様子も詳しい報告がないので、具体的な様子はよくわからない。今でもこれらの器物のあり方について、まだほとんど解釈ができていないのです。それで、私はこれを次のように解釈します。

こういう青銅器には、極めて神秘的な、神怪な、何か神霊の威力を感じさせるような、そういう文様が施されている。たとえば饕餮文《とうてつもん》、夔《き》鳳文《ほうもん》、虺龍文《きりようもん》というようなものが彫ってある。饕餮とは何を意味するのかわからない言葉です。そしてあまり古い文献には出てきません。「呂氏春秋」先識に出てくるのがおそらく一番最初の説明でありましょう。「左伝」文公十八年にもその名は出てきますが、これも戦国期のものです。前回にも少しお話ししましたように、饕餮というのは私は翻訳語であると思う。おそらくは南方の人たちが虎を呼んでいた於菟《おと》と関係があるのではないか。三上於菟《おと》吉《きち》のように、寅年の人に於菟吉などという名前をつけたりいたしますが、於菟というのは虎のことです。北方では虎《こ》、西欧の方には虎はいないので、タイガーというのも、南方の於菟、饕餮という、その系列の語であろうと思います。その虎のような恐ろしい猛獣の文様をつける。あるいは鳳凰のような美しい神の鳥の姿を写す。あるいは龍を写す。これらはみな、自然界のなかで最も霊力のあるものとされているもので、そういうものを青銅器の文様としてつけているのです。そしてそのような器が、おそらく山の斜面にずらーっと並べて埋められている。これは何か特別の目的があるに違いない。それで私の考えでは、その山の斜面の対向する線上にある向こう側の方に、お

そらくこういう青銅器の呪力を働かせようとする目的物があるに違いない。寧郷の山の丁度西の方に、南北に連なっている山脈があります。武陵山脈ですね。ここは今でも苗族《びょうぞく》系の渓《けい》族の自治区です。昔からここには苗族がいたに違いありません。だいたいあの辺りは、この武漢三鎮の西南の方ですが、先史時代の苗族の拠点であり、その文化は、当時の中国の文化よりも早く開けていたのではないか。この地は水稲、稲作ですね。稲作の文化を早くからもっていたのです。これがのちになって、殷王朝によって河南南部に移される。あるいは長江の下流に移される。こういうふうにして、やがては日本にも稲作がやってくるというわけです。

だから、こういう呪力のあるような青銅器をずらりと並べて、何か睨《にら》みをきかすような形をとっているその対象は、私は当時の苗族であったのではないかと思う。苗族は古く殷の時代には南人と呼ばれていた。南は銅鼓の形を示す字です。銅鼓を上からぶらさげて、この上面をポーンと叩くのです。するとかなり遠くまで音が聞こえる。これを叩いている字がありますね。甲骨文の中に⿰南殳《なん》という、占いをする氏族の名前として、この⿰南殳というのがありますが、このように苗族は古くは南人と呼ばれていた。彼らは非常に剽悍な民族であって、殷もなかなかこの南人を捕まえることはできなかった。それで、西の方のチベット系の羌族というのは、集団で羊を飼っている。今のチベット族は辮髪をしていますが、古い字形にはやはり辮髪が入っています。上欄の文字資料の甲骨文の四番目と金文の最後のものに糸がたれさがっていますね。この羌族をお祭りのときに三百人くらいを集めていっぺんに犠牲にすることがある。殷の王様の墓の前に、頭のないたくさんの犠牲がね、十体一組にして何百体も埋められている。それらは羌族で、南人はほとんど犠牲になることがなかった。それどころか南人は非常に強悍であって、むしろ殷にとっては恐るべき敵であったのではないかと思う。南人が用いたと思われる銅鼓の文様に、彼らが舟に乗って、おそらく洞庭湖を渡っているのでしょうが、みな矛をたてて、頭に羽飾りをつけた勇士の姿をしている。その矛の先には生首が一つずつ加えられている。そのような文様を彼らは銅鼓につけている。そういう種族がいる武陵山脈に対して、ちょうどそれと相対するような形で、この寧郷のおそらく三十器ほどに及ぶ器物が、並べられていたのではないかと思うのです。

私がこのような推察をいたしますのは、このような青銅器のあり方が、ここだけではない。湖南のもっと南の、広西チワン族自治区に接するあたり、舜の墓があるといわれている九嶷山という山の南側にも、やはり墓ではないところからこういう器物が出てきます。また陝西省の西南の端あたり、その先は秦嶺山脈で、蜀の急峻な山坂を越えていかねばならないようなところですから、ほとんど交通のない地です。そこに面した陝西省の最も西南部の山地から、やはりこのような銅器が出てくるのです。そうすると、これに敵対する勢力がどこかにいたに違いない。その線を延ばしてゆきますと、先年蜀の広漢から出ましたあの三星堆《さんせいたい》という遺跡がございます。非常に不思議な姿をもった、神像などが出てきたというので知られているところですが、そこはやはり異民族の世界であったのではないかと思います。古くは蚕叢《さんそう》とか魚鳧《ぎょふ》とかいう国がありました。李白の「蜀道難」という詩の中にその名が出てきます。

　噫《あ》吁《あ》嚱　危い乎《かな》　高い哉《かな》　蜀道の難《かた》きは青天《せいてん》に上るよりも難《かた》し　蠶叢《さんそう》及び魚鳧《ぎょふ》
　國を開くこと何ぞ茫然たる　爾來《じらい》、四萬八千歳　秦塞《しんさい》と人煙を通ぜず　西のかた
　太白に當りて　鳥道あり　以て峨眉の巓《いただ》きを横絶すべし……

全篇四十二句、かなり長い詩ですね。「一夫　關に當れば　萬夫も開く莫し」という句も、この詩のなかに出てきます（全篇は「文字講話Ⅲ」五七ページに載す）。さて、この詩に出てくる「蠶叢及び魚鳧」、どうもこの種族に対する一つの呪鎮として、このような青銅器が埋められていたのではないか。また西北の方のオルドスの地方に対しても、これがある。東北遼寧省の瀋陽にゆく道、孤竹君がいたといわれる山の頂上にも、やはりお墓でない窖穴に四器ほどの器物が、はめこむようにしておいてあるのです。お祭りをするわけでもない。ただ下方に広がる平野の地に対する、一種の呪力を発するものとして、呪器としておかれていたのではないかと思う。

　中国のこのような青銅器のあり方を、呪鎮として解すべきではないかと思うのですが、この解釈を、私はわが国の青銅器にも適用してみたいと思う。わが国の青銅器文化といいますと、銅剣・銅矛の文化がありますね。これは対馬、北九州あたりに密集していいます。それはそれなりに朝鮮半島の影響を受けたものであろうと思われる。また銅鐸はだいたい近畿・瀬戸内を中心に、今までに三百ぐらい出ているのではないか

と思います。そして大方は、山の斜面から出てきます。そこでお祭りをしたわけでもない、何か行事を行なったというのでもない、そういうところから出てくるのです。ごく最近では、出雲の神庭《かんば》荒神谷から銅鐸が六器出てきましたね。また賀茂岩倉というところから、銅鐸がたくさん出ました。これは山の斜面に貼りつけるようにして三十数器あったかと思います。その横に、また鏃《やじり》がたくさん出てきた。そういう武器のようなものが、いくつかかたまって出てくる。こういう器物のなかに、武器を加えるということは、寧郷の出土器にもありました。人面鼎の出ました近くのところに銅瓿という、壺のようにずんぐりした形のものがあり、そのなかに銅斧がたくさん入れてある、すべてで二百二十四本入れてあるのですね。これはちょうど千手観音さんのように、手をたくさんつけておくと、それだけ威力があるというような考えで、刀や矢などをたくさん器中に納めて、その威力を誇示するというやり方であったのではないかと思います。

出雲の賀茂岩倉から出たのは鏃でしたが、それが山肌にびっしりと貼りつけてあった。その上の土がはぐれてきて発見されたのですが、この両者を比較して考えると、わが国のこれらの銅鐸は、おそらく敵対者に対する一つの呪器として、その呪力を発揮するべきものとして、隠し納められていたのであろうと解釈できる。近畿あたりの銅鐸も、大方は山から出てまいりますので、このように解するならば、その埋蔵の目的が合理的に理解できる。これを比較する材料がありませんと、解釈がつかない。わ

先

が国の考古学学界では、銅鐸のなかの非常に小さいのは、ぶらさげて鳴らすことができるから、これは聴くべき銅鐸である。大きいものは吊りさげることはできず、鳴らすこともできないから、これは見るべき銅鐸である。こういう分類をしているのです。こういうものは、やはりそのあり方、その場所において、どのような機能が与えられているかを考えて、解釈しなければいけないと私は思っています。

前回お話をしました古代王朝としての殷王朝と、それからわが国の「神ながら神さび在ます」という、神聖王朝と号した古代王朝のあり方、その存在性格というのは、非常に似ているということがわかるのです。時代はだいぶ違いますけれども、殷の文化とわが国の古代文化とが、おそらく沿海の文化、アジアにおける東アジア的文化の一つの原形として存した。わが国もそういう原形をつくるなかに、文化的に参加しているということがわかるのです。これが東アジアにおける一つの原点として考えられるものであろうというのが、私の結論ですが、この前、甲骨文を中心にお話をいたしましたので、今回はこの銅鐸の問題を加えておきました。ここにも一つの共通点がある。これによって東アジア文化圏というものの原点を、だいたい形づくることができる、その形を具体的にとらえることができる、というふうに考えているのであります。

〔資料2〕から〔資料4〕に出しましたものは、殷の時代のかなり末の時代、おそらく一番最後の、歴史上は紂《ちゅう》といわれている、あの王様の時代のものであろうと思われます。おおよそのお話をいたします。最初の小子畬卣《ほうゆう》の銘ですね。乙子の子は、の

商（商）

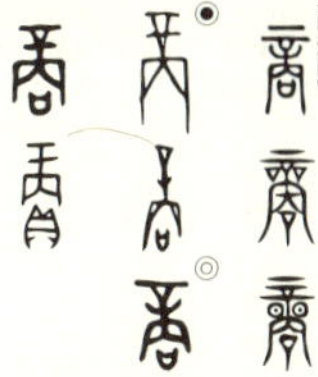

ちに巳になる字です。この古い字は子という字をそのまま書いて、「子……命じ」の子に、もういっぺん使っていますね。先という字、これは足を止の形に書きまして、その下に人が書いてあります。足が先に出てゆく。先んずるという字になる。光商すの商という字。これが殷の本当の称号です。商が本当の国の呼び名であって、殷はのちに蔑称としていう言い方です。ここに「畬に貝二朋を光商す」と書いてありますが、この時代、殷においては貝が一番の宝物であった。この貝の形をご覧になるとわかりますように、これは子安貝です。子安貝は玉と同じような呪力をもつものである とい

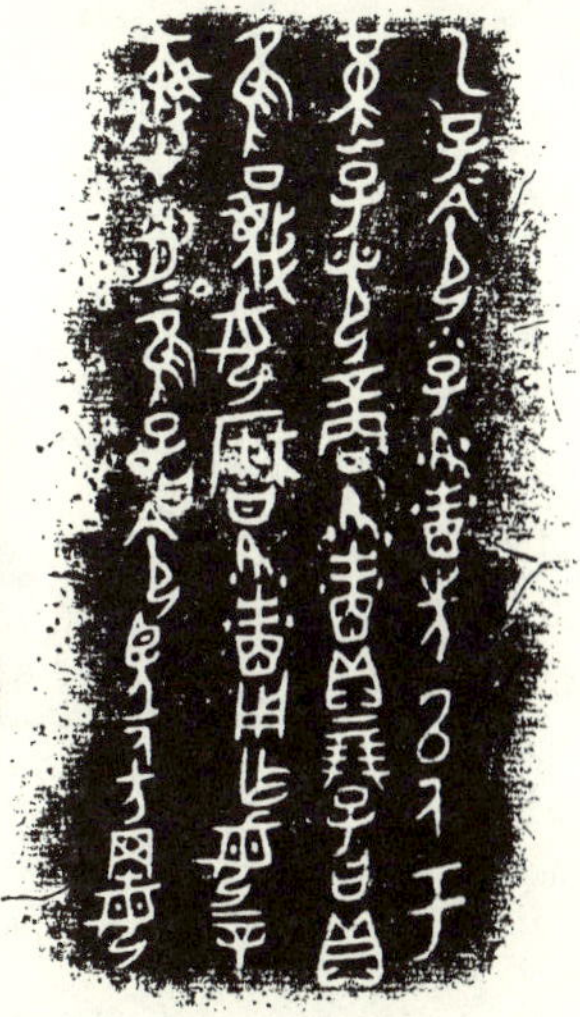

【資料2】小子畬卣銘（器・蓋、白鶴美術館蔵）
乙子（巳）、子、小子畬《ほう》に命《し》じ、先んじて人を㵄《かん》（地名）に以《ひき》ゐしむ。子、畬に貝二朋を光商（賞）す。子曰く、貝は隹れ女の暦《いさをし》を蔑《あらは》すなりと。畬用《もつ》て母辛の彝《い》（祭器）を作る。十月に在り。月は隹れ子、曰ひて人方𡆥《まい》を望ましめ（しときなり）。

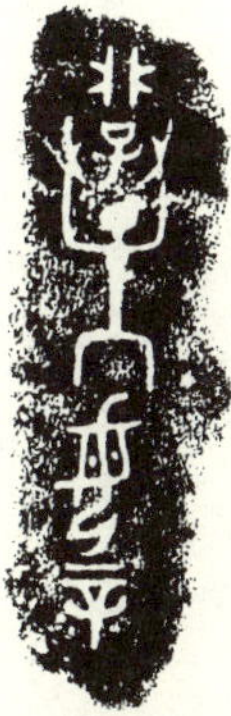

母辛（器）

うので、非常に貴重なものであった。周の時代になって、この貝を与えられている者は、すべて殷系の氏族です。だから周の金文をご覧になりまして、「貝を商（賞）す」と書いてあれば、貰っているのは殷系の氏族であると考えてよろしい。周の氏族には、貝はご褒美として与えてはいないのです。周系の族には、金（赤金・銅）などを与えます。

　この銘文の中に「貝は隹《こ》れ女の暦《いさをし》を蔑《あらは》す」、蔑暦《べつれき》という語が出てきます。蔑の上部は、本来眉に眉飾を加えている字です。下の方に女という字をつけて、女のシャーマンを意味します。媚、艶《なまめ》かしいという字です。昔はこれは女シャーマンで、媚女には呪力がありますから、うかつに近づいてはならんというわけです。戦争のときは、この女シャーマンが、前線に三千人ぐらいずらーっと並ぶ。眉を隈取りしたシャーマンが、戦争をする前に、呪力のかけあいをやるのです。わが国に口合戦というのがありましたが、ちょうどあれに相当するようなものです。それで戦争に勝ちますと、まず敵の媚女を討ち殺してしまう。矛を加えましてね、これが蔑の字です。ないがしろにする、無いものにするの意です。暦というのは、厂は山の崖のようなところ、そこに軍門がある。この軍門の形はわが国の鳥居の原形になるのですが、この両禾の形を軍門とか墓とか、神聖な場所の入口に立てる。これがどこを経由してきたのかわかりませんが、のちにわが国にきて鳥居の形となり、神社の前に据えられた。昔は軍門であった。「両禾軍門」といって、二つの禾を並べて軍門をつくる。ここで表彰式を行な

い、その表彰を曰という祝詞の形式で示しますから、暦を「いさをし」と読む。敵の呪力をもつ媚女を討ち滅ぼしたわけですから、それで蔑暦とは軍功を表彰するという意味になる。

「貝は隹れ女の暦を蔑《あらは》す」の隹と蔑の間に𠙵《さい》の字形が入っていますね。これはどっちについているのか、あるいは蔑についているのであろうかと思います。隹は非常に大事なことを言い出すときに使う。隹は鳥の形です。鳥の形ですが、スイとは読まずにイという音で読みます。のちに祝詞を添えて唯《い》、「はい」という、謹んでお受けするというときに「はい」と返事をします。これはイという謹んだときの返事の仕方です。横着なときには「諾」、承知したという。長者に対しては、「唯して諾せず」と〔礼記〕玉藻には出てくる。行儀のよい返事の仕方は唯で、隹はそのもとの字です。のちに糸偏になって明治維新の維となる。「維れ新たなり」と読む。本来は鳥占いによって神の仰せごとを承ったという、謹んで承ったことをいうときに使う。だから金文の初めに、だいたい隹という字がついています。

この器物の左の方に書いてある分ですが、蓋に銘が入っています。は文字ではありません。これは氏族が自分たちの氏族の社会的な身分、あるいは職掌的な関係、そういうものをあらわすときに使う「図象」というものです。字としては使うことはほとんどありません。どのような音で読んだとかいうこともわかりませんが、この銘文の蓋についているのです。このまん中に「子」という王子様の形がついている。王

将(將)◎　壮(壯)◎

子様をこうしていただいているので、これは王子様より一つ下の階級に違いありませんね。だからこの印をつけているのは、親王家であろうと思う。殷の王室関係の親王家である。そして親王家の者は、「子某《し》」というふうに、子を頭につけて呼びます。この器の方の文章に「用て母辛の彝を作る」というふうに、母辛という名が出ており、それから盠の方の銘文にも母辛と書いてある。だからこの作者は、身分関係が同じだということがわかる。そうしますと作っている人は小子畬《ほう》、王子の次の者は小子というように小をつける。小子というのはいうならば親王家というふうに考えてよろしいと思います。そして、このの印をつけているのはだいたい殷の王族の家筋であって、親王家から出ている、日本流にいうならば皇族・皇別に属するものと考えてよろしいかと思う。

それから『資料3』の商卣の銘文を、ちょっと読んでみましょう。

佳れ五月、辰は丁亥に在りて、帝司（祠）す。庚姫に貝卅朋を賞し、絲廿寽《くわん》を𨑨《おく》らる。商、用て文辟日丁の寶障彝を作る。

ご褒美の賞というときには、商の下に貝をつけます。そしてこれも一番最後に、という図象がついている。このはどういう音で読んでいいのかわかりませんが、私は一応ショウという音で読むのがよかろうと思う。爿はのちの大将の将（將）、将軍の将で、将は手に祭肉をもって進めて神を祀る者です。あるいはまた壮（壯）という字も、旁《つくり》に士（鉞）の形をそえる。こういう若者階級というものも、貴族社会から出てきているのではないか。だから将・壮は同系列の字とみまして、爿はショウと読んでいたのではないかと思います。ここにあげました器物、〔資料2〕〔資料3〕両方ともこの図象を持っていますから、これはみな殷の王室出身の者であることがわかります。そして賞としていただいているのは全部貝ですね。

次の〔資料4〕に一つちょっと図象の違うのがありますね。おもしろい図象がついています。これは

己亥、⿰女凡、彭に見事す、車叔、⿰女凡に馬を賞す。用て父庚の⿰阝尊彝を作る。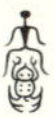

というように読みます。この父某のところに、たとえば父乙とかあるいは父戊というような十干の名前をつけるのは、これはみな殷式の廟号です。周ではこういう言い方

〔**資料3**〕商卣（『文物』一九七八年三期）
佳五月、辰才丁亥、帝司、賞庚姫貝卅朋、弋絲廿守、商用乍文辟日丁寶⿰阝尊彝

〔**資料4**〕⿰女凡鼎（『殷周金文集成』五・二六一二）

〔**資料5**〕麦方鼎（白川静［金文通釈］巻一下・六〇、二〇〇四年、平凡社刊）

ではありません。だからたくさんの青銅器を区別して考えるとき、これは殷の系統である、これは周の系統であるということが、大体これでわかるのです。これが殷の最後の時代、帝辛の時代の金文のあり方であると考えていただいてよろしい。非常に文字が柔軟であって、成熟度がたいへん高いというふうな文字である。文字の字跡から申しまして、そのように考えられると思います。

次にまいりまして、〔資料5〕は周のはじめのころの金文です。この横長の金文は、先の殷の金文とくらべてみますと、実に骨太でごつごつしていて、力の感じに満ちているというようなものですね。

　隹れ十又二月、井医征《けいこうし》麥《ばく》に嚆《くわん》し、麥、赤金《せつきん》を易《たま》ふ。用て鼎《てい》を作る。用て井医征《けいこうし》の事《まつり》に従ひ、用て多者《たしよ》（諸）友《いう》を郷《きやう》（饗）せん。

と書いてあるのですが、文字が非常に雄健ですね。この麦の諸器は、周の王朝がようやく建国の基礎を固めたというような時期、成王あるいは康王のはじめごろであろうかと思います。ずっと南方からもこの麦の諸器が出ていますが、たいへん立派なものが多く、新しく興った国の、建国の気象というべきものが、筆力としてもあらわれているように思います。先のどちらかというといくらか成熟したというような字形から考えますと、これはたいへん強い筆力を示している銘文であるとみられます。

〔資料6〕にあげましたものが、殷周革命の直後に作られた銘文であろうかと思います。「珷、商を征す」、珷は武王です。周の武王が商を征した。「隹れ甲子《かつし》、朝に歳《さい》鼎《てい》す」。歳鼎は祭りの名前、天にお祭りをします。「克《よ》く聞《ぶん》す」、お祭りをした反応があった。「商を夙有《しゆくいう》す」、「辛未《しんみ》、王《わう》、𩆜《かん》の師に在り。右史利に金を賜ふ。用て旜《せん》公の寶隮彝を作る」。甲子は［尚書］牧誓や［逸周書］世俘解にも出てきます。殷周革命の、その甲子の日に丁度あたるのかもしれませんが、私の計算した武王元年の元旦の干支丙午㊸にあてはまりません。甲子革命のことは、周の開国説話の古伝承として残るものかと思います。私は武王の元年は紀元前一〇八八年であるという計算をした。この暦の計算は、古い方からやりますとわかりにくくて、実は下から押しあげてゆく方がわかりやすい。この計算につきましては、時間のありますときに、また詳しくお話をいたします。この計算には、研究者もみな困っておってね、みなさんがどういう計算方法をやっておられるのか私は知りませんが、私は暗算で即座に計算できる特許を持っておる。いずれはその特許を免許皆伝にいたしますから、みなさんはみな西周

〖**資料6**〗利毀（［金文通釈］巻六・補一四、二〇〇五年、平凡社刊）
珷征商、佳甲子、朝歳鼎、克䎽、夙又商、辛未、王才𩆜𠂤、易又事利金、用乍旜公寶隮彝

〖資料7〗作冊折觥（『金文通釈』巻六・補一五、二〇〇五年、平凡社刊）
佳五月、王才厈、戊子、令乍册折、兄望土于相侯、易金、易臣、䚄王休、佳王十又九祀、用乍父乙障、其永寶　木羊兩册形圖象

の歴史編成について一家言をお持ちになることができる、楽しみにお待ちいただきますように。

〖資料7〗にあげましたのは、作冊折觥という新しく出ました金文で、今までにはなかったものです。銘には次のようにあります。

　佳れ五月、王、厈《かん》に在り。戊子《ぼし》、作册折に命じ……。

成王期の器に「王在厈」という銘が他にもあり、成王期の器であろうと推測されます。その次の字はわからないのですが、望のような字ですから、望と読んでおきましょう。

　望の土を相侯に貺《おく》らしむ。金を賜ひ、臣を賜ふ。王の休に揚《こた》ふ。佳れ王の十又九祀なり。用て父乙の障を作る。其れ永く寶とせよ。　木羊兩册形圖象

というふうに書いてあります。これは紀年をあわせますと、「佳れ十又九祀五月戊子㉕」ということになります。この器には週名が入っておりませんので、まだ確定でき

ない。だいたい、西周期の紀年銘文には、週名が入るのです。初吉《しょきつ》、これは月初めの八日。次の既生霸《きせいは》は次の七日。それから既望《きぼう》、これはその次の七日、次の既死霸《きしは》は最後の八日、これで三十日ですね。一箇月を四分するわけです。その初吉というのが入っていますと、初めの八日間のうちに入らねばならぬという限定ができる。この銘には四週の名が入っていないので、日を確定しにくいのですが、とにかくこの日付の入る年を求めまして、暦の計算をしていきます。私の計算しました成王の元年は紀元前

干支番号表

甲子①	乙丑②	丙寅③	丁卯④	戊辰⑤	己巳⑥	庚午⑦	辛未⑧	壬申⑨	癸酉⑩
甲戌⑪	乙亥⑫	丙子⑬	丁丑⑭	戊寅⑮	己卯⑯	庚辰⑰	辛巳⑱	壬午⑲	癸未⑳
甲申㉑	乙酉㉒	丙戌㉓	丁亥㉔	戊子㉕	己丑㉖	庚寅㉗	辛卯㉘	壬辰㉙	癸巳㉚
甲午㉛	乙未㉜	丙申㉝	丁酉㉞	戊戌㉟	己亥㊱	庚子㊲	辛丑㊳	壬寅㊴	癸卯㊵
甲辰㊶	乙巳㊷	丙午㊸	丁未㊹	戊申㊺	己酉㊻	庚戌㊼	辛亥㊽	壬子㊾	癸丑㊿
甲寅(51)	乙卯(52)	丙辰(53)	丁巳(54)	戊午(55)	己未(56)	庚申(57)	辛酉(58)	壬戌(59)	癸亥(60)

成元	1082	⑨
2	1081	㉝
3	1080	㉗
4	1079	㉑
5	1078	㊺
6	1077	㊴
7	1076	㉞
8	1075	(58)
9	1074	(53)
10	1073	⑰
11	1072	⑪
12	1071	⑤
13	1070	㉙
14	1069	㉓
15	1068	⑰
16	1067	㊶
17	1066	㊱
18	1065	㉚
19	1064	(54)
20	1063	㊾
21	1062	⑫
22	1061	⑥
23	1060	①

一〇八二年で、十九年は一〇六四年である。この元旦朔は丁巳㊺、そうしますと五月朔は乙卯㊾となります。しかしこれでは五月戊子㉕は得られません。閏月があったと思われ、閏を加えると五月朔は甲申㉑となります。そうしますと五月戊子㉕はその第五日にあたる、ということになるのです。簡便のためにここに干支番号の早見表を掲げておきます。以後の参考にしてください。

この銘には何王と書いてありませんので、これを何王にあてるか、何王の在位が何年であったのか、一つも記録にないものを、一応勝手に作るのです。そして作ったその暦が、その時期のすべての銘文の日付にあてはまるかどうかを、確かめねばならない。私は今、旧著の「金文通釈」というのを修訂して刊行していますが、最初に出しました当時は、紀年銘をもつものがだいたい五十器ほどありましたが、王名を書いたものはほとんどないのです。それをすべて歴代にはめこんでゆく作業をなしとげた人は、まだ誰もいなかった。私はだいたいにおいてそれを試みた。だいたいにおいてといいますのは、計算をしてもあわないのが数器ある。私が計算してあわんのは、向こうが悪いのであろうと思う。事実向こうが明らかに間違いであるという例が、いくつかあるのです。だからこれは許容事項として許していただく。そうすれば私案で一応全部説明したということになるのです。いずれその方法をお話いたしますから、みなさんも私の計算法を検討していただき、総体の年数を加減できるところは加減することを試みていただきたい。実は炭素の減少によって年数を確定する炭素14法という計算法があります。それによって計算をしますと、武王の革命は紀元前一〇四五年ころであろうということになっている。私の計算ではそれより四十年ほど多いのです。ただし炭素14法の計算法では前後四十年ぐらいの誤差はあり得ることですから、私は今のところ自説を執っておりますが、二十年ほど減少することができれば、そういう科学的な計算の結果にも対応できるわけですね。減少する方法は、干支は三百六十で一回転し、一年は三百六十五日ですから、一年で五日ずれるのです。そうすると六年で一回もとに戻る。だから六年戻しても、さらにまた六年戻しても、計算はほとんどかわらないのです。ただその間に、何王の何年として計算した器物がきちんと適合するかどうかが問題である。こうして私の試みたものをどこまで減らすことができるか、これはみなさまへの課題としてさしあげます。

次にまいります。〔資料8〕、令彝の銘です。この中から、少し注意すべきものを取りあげて申しあげようと思います。「隹れ十月、月の吉癸未」とありますね。吉癸未とあるのは初吉癸未のことですが、年数が入っていません。おそらく成王の初年のものかと思われます。

銘の一番最後に鳥の形がついていて、下に冊という字が入っている。私はこれを鳥形冊とよんでおりますが、令という家筋の器物で、このような図象をつけるのは殷の系列のものです。またこの器物では「父丁の寶障彝を作る」と書いてある。丁という字は釘の頭の形。中をぬりつぶしてある。のちに釘の下をつけて、丁という字になる。

【資料8】令彝（『金文通釈』巻一上・二五、二〇〇四年、平凡社刊）

隹八月、辰才甲申、王令周公子明僳、尹三事四方、受卿事寮、丁亥、令矢告亐周公宮、公令、徃同卿事寮、隹十月〻吉癸未、明公朝至亐成周、徃令、舍三事令、眔卿事寮、眔者尹眔里君眔百工眔者侯、侯田男、舍四方令、既咸令

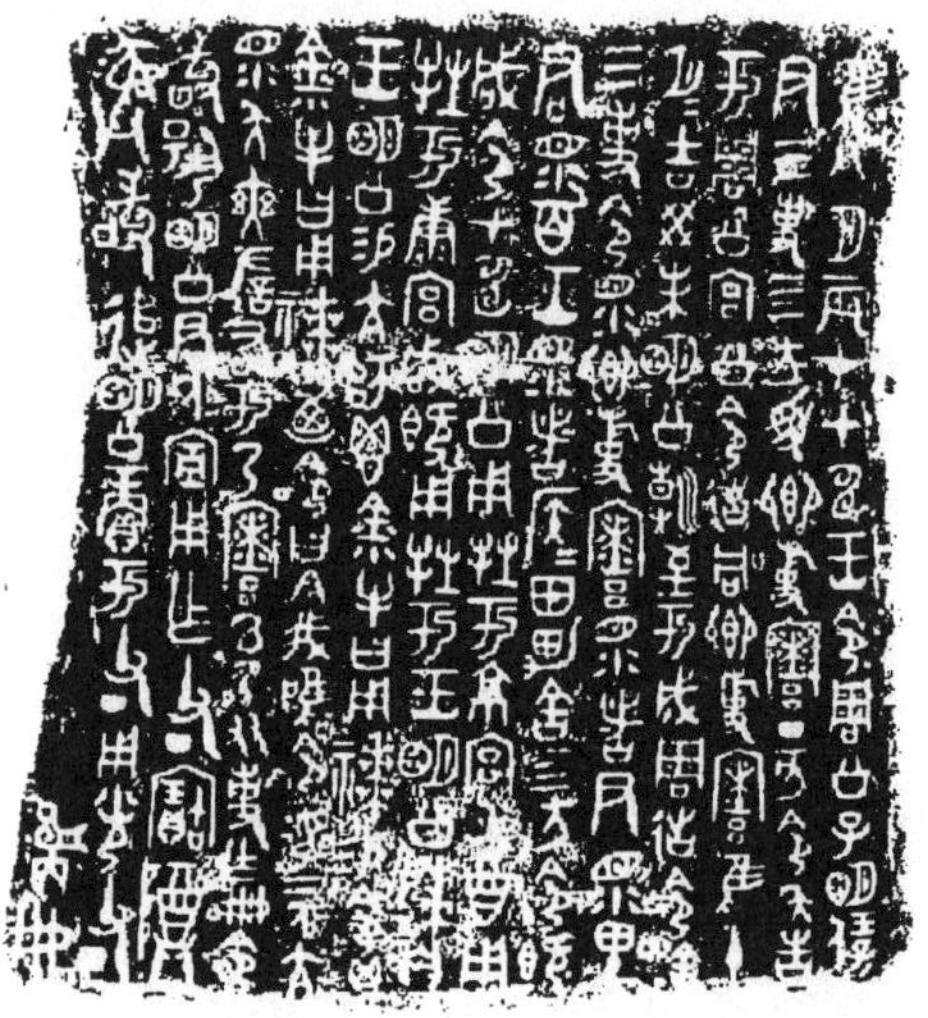

甲申、明公用牲亐京宮、乙酉、用牲亐康宮、咸既、用牲亐王、明公歸自王

明公昜亢師鬯・金・牛、曰、用禘、昜令鬯・金・牛、曰、用禘、廼令曰、今我唯令女二人、亢眔矢、奭𠂇右亐乃寮、㠯乃友事、乍册令、敢颺明公尹厥宧、用乍父丁寶障彝、敢追明公賞亐父丁、用光父丁　鳥形册圖象一四行一八七字

隹《こ》れ八月、辰は甲申に在り。王、周公の子明保に命じて、三事四方を尹《ただ》し、卿事寮《けいじれう》を受《さづ》けしむ。丁亥、矢《そく》に命じて周公の宮に告げしむ。公、命じて、徃《ゆ》きて卿事寮を同《あつ》めしむ。隹《こ》れ十月、月の吉初吉癸未、明公、朝《あした》に成周に至り、命を徃《いだ》し、三事の命を舍《お》く。卿事寮と諸尹と里君と百工と諸侯、侯・甸《でん》・男に、四方の命を舍く。既《をは》りて咸く命ず。

甲申、明公、牲を京宮に用ふ。乙酉、牲を康宮に用ふ。咸く既《をは》る。牲を王に用ふ。明公、王より歸る。

明公、亢師《かうし》に鬯《ちやう》・金・牛を賜ふ。曰く、用て禘《まつ》れと。令に鬯・金・牛を賜ふ。曰く、用て禘れと。廼《すなは》ち命じて曰く、今、我唯《こ》れ女《なんぢ》二人、亢と矢《そく》とに命ず。奭《つと》めて乃《なんぢ》の寮と乃の友事とを左右《たす》けよと。乍册令、敢て明公尹の宧《きう》に揚《こた》へ、用て父丁の寶障彝を作る。敢て明公の賞を父丁に追《およ》ぼし、用て父丁を光《かがや》かしむ。　鳥形册圖象

周（周）

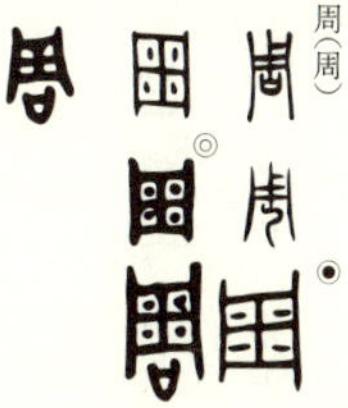

もとは団子のような形、釘を上からみたところです。父丁というように、十干の名前で祖先をよぶのは、殷の器物である。これは周公の子の明保という者から、ご褒美をいただいているのです。「周公の子明保に命じて、三事四方を尹《ただ》し、卿事寮を受《さづ》けしむ」とありますね。また甲申・丁亥・癸未というような日がいくつか出ていますので、だいたい日の計算ができる。周公の子ですから文王、武王、それから成王、康王となる。その成王の時代に入っているものだろうと思います。

　周公の周という字は、もと方形の盾の形です。その盾に文様をつける。そして出陣のときには祝詞を奏してお祈りします。だから周という国は、だいたいは武張った国で、盾をその国号としているのです。殷の本号は商という。これは刑罰権をあらわしている。神聖な王朝として、刑罰権をもっておるぞという意味で、殷はそういう神聖国家であった。ところが周は武力でこれを征服した。その新しい国の形態を象徴するような国号を、もっているのです。周公はそこで神祇官として、お祭りなどすべてを支配していた人です。孔子は常に周公を夢にみていた。「甚だしい矣《かな》、吾が衰へたること。久しい矣《かな》、吾れ復た夢に周公を見ず」（『論語』述而）、近ごろは周公を夢にみることもなくなった。社会改革の志が衰えてきたとみえると嘆いている。孔子も志の衰えを嘆く時期があったのですね。私は孔子様より大分年がいっていますから、近ごろだいぶ衰えてきておる。しかしまだいろんなことを夢にみることがあります。現世の悩みを断ち切れず、寝ながらもいろんなことを考えますが、周公は孔子が常に夢にみ

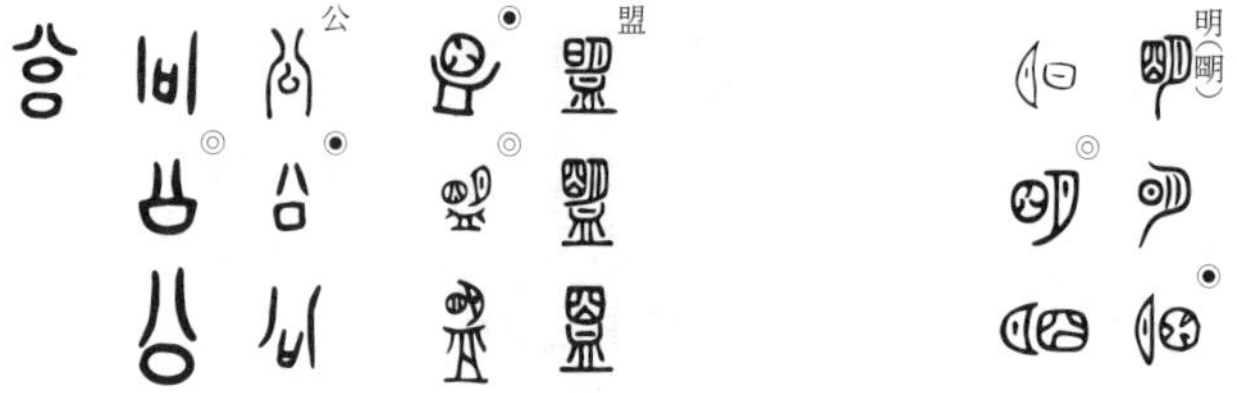

る対象であった。

周公の子の明保の明という字は、俗説には日月を並べかけて乾坤を照らす、故に明である、そういう解釈をする。しかしその間違いはすぐにわかりますね。お日様とお月様が並んで輝くことは絶対にない。この日の形は明り窓です。だいたい中国の華北のあたりは黄土地帯ですから、木材も少なく、家を地上に建てるのは難しい。だから地下に方形の穴を掘ります。まん中を掘り下げ、階段をつけ、中央からその四方に向かって部屋をつくる。平面図にしますと中央は明りとりで、そのまわりに部屋ができる。そしてその窓から光が入る。夜になると暗ですね。こういう半地下の住居様式は、今でもあるのです。山西省には随分こういう家があるとみえまして、日本軍が山西省に進攻しましたときに、一面の広野で家もないと思って、安心してどんどん進む。そうすると、夜にここから人が多く出てきて、後方から包囲される。そういうことも知らずに戦争を始めた。愚かしい戦争でした。この窓から月の光が入る。その窓の下でいろんな儀式を行なう。たとえば盟いをするときには、皿をおき、血を入れてこれを啜る。盟という字ですね。

周公の公という字は、上の方は八で背く、下の方は厶《し》で私だと、普通の字書では説明されている。「私に背くを公となす」という立派な説明ですが、もとの字のどこにも私はない。どこにも背くがない。この方形はお堂の建物です。建物の前の広場に人が左右にずらっと並んで儀式をする塀があるのです。その公式の礼を行なうところが

公なのです。

それから明保の保という字。生まれた王子の頭上に玉を載せて、その玉の霊力によって守る。玉冠です。そして子の右すその方には小さく斜めの線が添えてある。これがわが国でいうところの天の羽衣、即位式のときに横に置いてある衣がありますね。その衣を添えるということは、衣に霊を包む力があるからではないかと思われます。のちの金文（〖資料9〗大盂鼎）に出てきます。依という字、これは人が衣を着るのはあたり前ではないかと思われるかもしれませんが、衣を添えることによって、ある霊的な力が同時に依り添えられるという意味です。だから霊力を人に移すというときに、この字を使う。それで依るというのは寄りかかるという意味ではなく、霊衣を添えることによって、新たなる霊力をその人に添えるという意味があります。それで衣はこんな簡単な一つの線でしるされていますが、たいへん重要な意味をもっているのです。

周は天下統一ののち、沿海の異民族に対して、奴隷が必要だから、奴隷獲得の戦争をよくやります。しかし沿海の民族もなかなかの文化をもっていた。良渚文化とか、大汶口文化とか、周の民族よりはるかに古い文化をもっておりましたから、相当強いのです。だからかえって周の民族が捕虜になることがある。するとそれを奪回する戦争をする。奪い返したときに、異民族の霊に汚されているというので、お祓いの儀式をする。衣は昔インと読みましたが、衣《いん》という儀礼をする。汚れた魂をいちど祓い清めて、新しい霊魂を依り添える。保の字は今は子の両側に衣を添えていますが、両脇

冊(册)
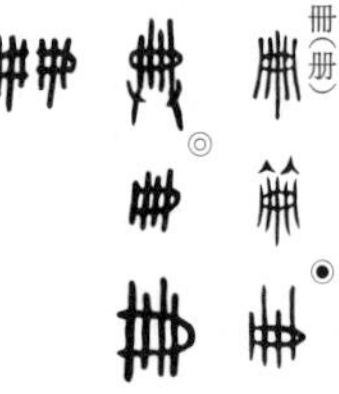

に添えるということはない。本当は腰にちょっと添えたものなのです。このような古代的儀礼が、文字のごく簡単な筆使いのなかに隠されているのですね。その意味あいが読み取れるようにならないと、古代の文字の解釈ができたとはいえないのです。

最後についている図象、一番下に冊とありますね。これはだいたい両脇につくのです。場合によっては、その間に羊などを書く。動物たちを飼います広い飼場を作りまして、その出入口の柵ですから、本当はサクと読みます。この冊の形がついているのは、だいたい犠牲の飼養を司る職掌を与えられている部族です。殷の職掌的なものの

【資料9】 大盂鼎（『金文通釈』巻一下・六一、二〇〇四年、平凡社刊）

隹九月、王才宗周、令盂、王若曰、盂、不顯玟王、受天有大令、在珷王、嗣玟乍邦、闢厥匿、匍有四方、畯正厥民在雩御事、䣄酉無敢酖、有□糞祀、無敢醻、古天異臨子、灋保先王、□有四方、我聞、殷遂令、隹殷邊侯田、雩殷正百辟、率肄于酉、古喪𠂤巳、女、妹辰又大服、余隹即朕小學、女勿㓷余乃辟一人、今我隹即井㐭于玟王正德、若玟王令二三正、今余隹令女盂䀁焚、芍雝德巠、敏朝夕入諫、享奔走、畏天畏王曰、[illegible]、令女盂、井乃嗣且南公、王曰、盂、廼䀁夾、死嗣戎、敏諫罰訟、夙夕䀁我一人、䇂四方、雩我、其遹省先王受民受彊土

易女鬯一卣・冂衣・市・舄・車馬、易乃且南公旂、用獸、易女邦嗣四白、人鬲自駭至于庶人、六百又五十又九夫、易尸嗣王臣十又三白、人鬲千又五十夫、遫□□自厥土、王曰、盂、若苟乃正、勿灋朕令

盂用對王休、用乍且南公寶鼎、隹王廿又三祀一九行二九一字

隹《こ》れ九月、王、宗周に在りて、盂に命ず。王、若《かくのごと》く曰く、盂よ。丕《おほ》いに顯《あきら》かなる文王、天の有する大命を受《さう》けられたまひ、武王に在りて、文に嗣ぎて邦を作《おこ》したまへり。厥《そ》の匿《とく》を闢き、四方を匍有《ふいう》し、厥の民を畯正したまへり。

御事に在りて、酒に𠭥《およ》ぶも敢て醺《よ》ふこと無く、□し、蒸祀することも有るも、敢て醟《みだ》るること無かりき。故に天、翼臨して子《いつく》しみ、先王を灋保《はうほ》し、四方を□有せしめたまへり。我聞くに、殷の、命を墜せるは、隹《こ》れ殷の邊侯甸《へんこうでん》と殷の正百辟《へき》と、率《ひき》ゐて酒に肄《なら》ひたればなり。故に師を喪《うしな》ひたるなり。

巳《ああ》、女《なんぢ》、昧晨《まいしん》に大服のこと有り。余は隹《こ》れ、朕が小學に卽《つ》かむ。女、余《われ》、乃《なんぢ》の辟《きみ》たる一人に毘《こ》ぶること勿れ。今、我は隹《こ》れ刑稟《けいりん》に文王の正德に卽き、文王の命じたまへる二三正に若《したが》はむとす。今、余は隹《こ》れ、女盂に命じて盥燮《せうえい》せしむ。德經を敬雍して、敏《いそ》しみて朝夕に入りて諫め、享《よ》く奔走して天威を畏れよ。

王曰く、於《ああ》、女盂に命じて、乃《なんぢ》の嗣《つ》げる祖南公に刑《のっと》らしむ。

王曰く、盂よ。廼《すなは》ち盥夾《せうけふ》して、戎を死𤔲《しし》せよ。罰訟を敏《いそ》しみ諫《つつ》しみ、夙夕して我一人を盥《たす》け、四方に烝《きみ》たらしめよ。我に雩《お》いて、其れ先王の受《さう》けられたまひし民と受けられたまひし疆土とを遹省《いっせい》せよ。女に鬯《ちやう》一卣《いう》・冋《けい》衣・市《ふつ》・舄《せき》・車馬を賜ふ。乃に祖南公の旂《はた》を賜ふ。用て狩せよ。女に邦𤔲四伯・人鬲《じんれき》、馭《ぎよ》より庶人に至るまで六百又五十又九夫を賜ふ。夷𤔲王臣十又三伯・人鬲千又五十夫を賜ふ。亟《すみや》かに厥《そ》の土より□（遷）せよ。王曰く、盂よ。乃の正を若敬し、朕が命を灋《す》つること勿れ、と。

盂、用て王の休に對《こた》へ、用て祖南公の寶鼎を作る。隹《こ》れ王の廿又三祀なり。

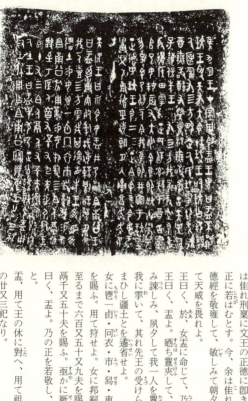

なかには、両冊形をもつ部族がたくさんありますが、みな犠牲を司り、同時に祭りを司り、同時に記録を司るというので、その職を作冊と申します。これはだいたい、のちの祭祀・儀礼関係の書記官に相当する役になってまいります。

次に『資料9』の大盂鼎というのがございます。銘文が二百九十一字もあり、〔尚書〕の一篇に相当するほどの文章です。もしこれが〔尚書〕に残っておりましたならば、その一篇として扱われていたでしょうし、また〔尚書〕の文章に非常に似たところがたくさんございます。〔尚書〕のなかに、実は酒誥《しゅこう》という文章がありまして、殷はお酒に酔いしれてまつりごとを乱したから滅びたんだということを、殷の遺民に対して、周側から教え諭すという内容の文章が書いてあります。召誥とか大誥とか洛誥とかこの誥のつくのが全部で五つありますので、「周書五誥」と申します。〔尚書〕二十八篇のなかで、一番信頼できるのはこの五誥五篇です。これらは多分、その当時の文章に近いと考えられる。そしてこの五誥と、この大盂鼎を読み較べてみますと、その関係が比較的理解しやすいのではないかと思います。ただこの鼎を作りました盂という人は、殷側の人であった。だからここに書かれているのは、周側から教え諭されたという内容になっています。釈をつけておきました。

ここには、殷の王朝が滅んだのは、殷人が酒に酔いしれて、まつりごとが乱れたからである、というのですね。そして周は天の有する大命を授けられ、文王・武王の二人の王がその徳を認められ、天の大命によって国を作ったといっているのです。ここ

棄

に殷周革命の理念が、はっきり示されているわけですね。殷の王朝は古代的な神聖国家であった。王は神そのものであった。そういう非常に古代的な性格をもっておった。同時にそういう国の存在の原理として、非常に壮大な神話の体系をもっておった。しかし周には、神話の体系がないのです。

周の先祖の名前は棄です。棄とは、生まれた子どもを逆さまにして、籠に入れて、これを棒で川の中流まで押し流して、棄てるという字です。一番最初の子は棄てる。これは古代の社会、あるいは未開社会において、初生児を棄てるという一つの習俗があった。それは血縁の関係がわからない場合が多い。また神様がどう思し召しであるかわからないというので、水に流して、その浮沈する様子をみて養うかどうかを定めるということがあった。そのとき種々の奇瑞が現われて、この子が養われるということがある。それで周では、その先祖の名を棄という。周にはただそれだけの神話しかない。これは神話というに値しない。たとえば日本の神話では、天地創造の初めから、いろいろな神々が生まれてきたことが語られている。殷の祖先神も、まず天地開闢のとき、それから多くの神々、またそれを人界に移してというふうに、神話から人間の世界に至る過程を、神話的な形で表現するという、そういう神話の体系があった。わが国にもそれがあった。しかし周の時代になると、もうないのです。神話のない古代王朝ですね。これは本当の意味での古代王朝とはいえないのです。

また周は、神を絶対としてはいない。神というのではなく、彼らは天という形にし

ている。天は一種の抽象名詞で、本来は天という字は人の形です。人の頭を天（巓）という。それを拡大して、最も上にあるものを天という。しかし天は具体的な形態をもつものではない。意思表示をするものでもない。そのようにかなり抽象的な天が授けた大命であるという。この天に対するものは、神政国家においては帝であった。帝は上天にあって、下界のあらゆることを全部みそなわす、一種の人格性をもった人格神である。人格神としての性格もなく抽象化された天は、一つの理念です。その理念に対応するものは徳。徳という概念も、本来は神聖王朝にあった理念です。

　徳という字の右上は眉に入墨をした形ですね。何か神事に従うとき、また大事な役に従うときに、眉に絵取りをつける。また地方を巡遊し、循撫するときにもつける。これが省という字のもとの字です。地方の政治がうまくいっているかどうか、それを監察し、みてまわる。そのとき、目の威力で威服させる。そのために目に絵取りをつけたのです。それであまり多くをつけていますと、不審にみえることがある。「古事記」にイスケヨリヒメを迎えに行った神武天皇の使者、大久米の命に対してヒメが「胡鷰子《あめ》鶺鴒《つつ》　千鳥ま鵐《しとと》　何《な》ど黥《さ》ける利目《とめ》」という、今ではわかりにくい言葉ですが、千鳥の目のように、どうしてそんなに仰々しく飾りつけてやってくるのかと、まず初対面の挨拶をする。そうすると使者は、「乙女に　直《ただ》に逢はむと　我が黥《さ》ける利目《とめ》」、あなたに逢いたくて、私はこんな目をしていますよ、という挨拶をかえす。これで挨拶が成立して、それから交渉に入る。これは事前交渉であるわけです。

命

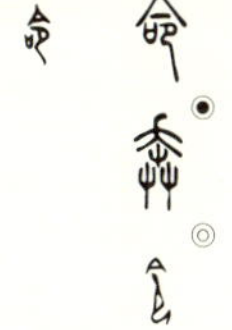

目は非常な呪力をもっていますので、地方を巡るとき、まず目に絵取りをする。イは巡る意味。省の下に心をつけるのは、内に蓄えられた徳が、呪力として外に発揮されるということをあらわす。「天、徳を予《われ》に生ず」（『論語』述而）というときの、徳という字です。徳は自ら養って、天がその価値を認め、天がその人に与えるものなのです。

殷の時代には、神権的な王様として占いをし、神様もこのように占われた、王も同じように判断した。だから王の命令は神の命令と同じである、そういう神権政治のやり方をした。ところが周になりますと、今いいましたように、もはや絶対者としての帝はないのです。帝という人格神は失われて、天という抽象的な理念がそれにかわる。また王が神権として身につけていた、「神ながら神さび在ます」という神性というようなものを、今は捨ててしまって、これは内なる徳により、天がこれに命じたという。命という字は、天命を謹んで受ける姿です。前にあるのは祝詞。このように天からその命を授けられたという、そういう考え方にかわる。これは国の成り立ちが全く違うということですね。古代的な神権国家を討ち滅ぼした周は、そのような古代的な神権政治、神聖王朝というような性格をもうかなぐり捨てて、本当は力によって得たものを、天が我々の徳によってその国家を作ることを与えたのである。天によりその命を改めるという、これは革命の思想です。

中国における王朝は、古代において神聖王朝と理性的な国家と、国家の形態に二つの形があるということを、歴史的に実証した。この体験が大国としての歴史を作りあげてゆく上に、非常に貴重な経験になるのです。これはいわゆる単一性の国家ではないということですね。わが国はどうかというと「神ながら神さび在ます」といっていた天智・天武の時代に、すでに律令制にもう入っているのです。それから貴族政治・武家政治というような形で続きますが、国家理念の上に複数的な理念がないのです。だいたい世上の生物は陰陽、雌雄という二元的な形で、生命力はあらわれてきます。そういう意味では、わが国は単元的な国家である。わが国には、思想を徹底的に極めてゆくという、そういう厳しい姿勢がなくて、だいたいのところでものを片付けてしまう、一種の曖昧性がある。いうならば単一の文化の形をもっている。統一性があるかもしれないが、しかし両者が対極にあって厳しく対立し、その上で結論を見出してゆくという、そういう姿勢に乏しい。日本人の性格は、そういう国家草創の時代にすでにあるのではないかと思う。中国では殷・周と続きましたが、これは古代国家の典型として、およそありうべき展開のなかで考えうる二つのタイプです。この二つが、そのまま滅びるのではありません。周の国家理念は儒教的な理念として、思想の体系として展開するのです。殷の文化は、その儒教に否定的な態度をとる老荘の思想、道教の思想として展開する。否定的な哲学として展開する。中国には、そういうふうに古い時代において、二つの典型的なタイプが交替してあらわれた。これは彼らに非常に大きな思想的基盤を与えたであろうと思います。

もしわが国の歴史のなかで、そういう絶対的な対立という形を考えるとするならば、六十年前の敗戦を区切りとして、新しい日本の国家、日本の形成ということを考えるべきではないか。今は六十年以前の日本が、半殺しのまま、文化伝統は全部奪われて、これだけの範囲で、これだけの活動をして、お金はこれだけ出せという、全部あてがわれた生活をしているのではないか。日本の歴史のなかに、主体性が出てきていないのではないかと思うのです。私は戦前の生活もいくらか知っております。しかし私らの時代には、私ら自体の生活が追いこまれていた。私は兄弟がたくさんおりました。兄を一人残して、あとは小学校を出たら全部家を出された。自活の道を求めよといって、家を出されたものです。そしてあがきもがきながらそれぞれの自分の人生というものを辿っていった。しかしそのなかで、人間的な生き方を求める気力というものも、与えられたと思います。大海原に漂い出た一匹の子亀のような運命であった。そのなかで生きのびる他にはなかった。しかし今の社会、今の教育はすべてがあてがわれすぎている。まわりが構いすぎていると私は思う。もう少し離れたところで、自由にみてやってよいのではないか。それぞれのもつ特性を、枠にはめないで、自由に表現させることがあってよろしいのではないか。

戦後六十年間のわが国の歴史は、私としては、戦争中を含めて、まことに見るに堪えぬ時代であった。何とかこういう半属国のようなところから抜け出して、もっと気力のある、清新溌剌たる人々の顔がみたい。こういう古い時代のお話をしながら、こういうことを申しあげるのは如何かと思いますが、私が文字の回復を望み、東洋の回復を望む気持ちの根底には、戦前の日本に返りたい、戦前のアジアに返りたい、そういう考えがあるからです。歴史にはいろいろ制約がありますから、何もかもいっぺんにというわけにはいきませんけれども、私は文字教育を一つの梃子として、これをアジアの諸民族が、かつてもっていた文字文化の世界にまで引き戻して、そこからかつてもっていた東アジアの輝かしい歴史の世界を再現したい。回復したい。そういう気持ちをもって、老骨に鞭うって、このようなお話をいたしておる次第であります。

次には一つの王朝が大体どのような生命力をもって、どのような運命を辿るか、そういうことをテーマにしてお話しようと思います。国家草創の時代において、その民族のもっている全ての力が出しつくされていたならば、おそらく民族の活動力というものは、もっと多元的で、力のあるものになっていたであろうと思う。わが国は島国でありますから、どうしても小成に安んずるというところがある。そういう弱点が戦後においてことに甚だしい。そういうふうなことを、私は老人ですから、皆さんの経験しておられん世界を経験しておりますので、このような機会に一言申しあげる次第でございます。

今日はどうも詳しいお話ができませんでしたけれども、私がお話している、私の存念とするところをご理解いただきましたならばと思いまして、ちょっと余分のお話を加えたのであります。本日はこれで終わります。

第三話

金文について II

西周の初期、文・武・成・康の四代は国家創成の時代で、天の思想を掲げて天下の経営に専心する時代であったが、次の昭・穆・共・懿・孝の五代四世は、すでに経営の規模もなり、礼楽・文化の時代となる。昭穆制（康昭宮・康穆宮）による廟制も整い、おそらく廟歌もすでに奏せられていたであろう。詩の周頌のうち最も古いものには無韻のものもあり、舞歌時代の古い伝統をもつものであろうが、周初の金文、たとえば成王期の令毀・令彝のごときは、すでに多くの押韻をもっている。以後長文の銘にはおおむね押韻があり、それは廟祭において廟歌を献ずるのと、同様の形式をもつものであったと考えられる。廟制の上では康宮が大宗の位置にあり、康昭宮・康穆宮はその左右に配祀するものであった。

官制においては令彝に、内政に卿事寮、四方に対しては諸尹・里君・百工・諸侯（侯・田・男）のような制度がみられ、なお殷代における部的組織のなごりがみられる。昭穆期になると、廷礼の次第も定まり、廷礼の形式が整えられ、冊命廷礼形式の金文が生まれる。また恩賞賜与のものにも、礼器・礼服の類が多い。この期には殷王朝から帰順した大族が、旧典によって礼楽・儀礼にあたることが多く、作冊・史官の類はおおむねその系統の族である。殷系族の銘文は、日月祀倒序形式・銘末図象・賜貝・干名諡号などによって、容易に識別することができる。この期の作器の半数は、ほとんど殷系氏族のものと考えられる。しかしその過程において、殷の文化が次第に周王朝のなかに吸収されてゆく状態をみることができる。

共王ののちにその子懿王が嗣ぎ、次に共王の弟、すなわち叔父である孝王、次に懿王の子夷王が嗣ぐ。王位継承上のこの乱れは、王室の内部に対立・分裂を生じ、王室の権威が失われたことを示すものとみてよい。それで「礼記」郊特牲によると、夷王は即位のとき堂下の礼を執り、権臣に媚びたという。こののちには豪族跋扈し、その大土地所有が進み、周王朝はその豪族勢力のなかで辛うじて王権を維持することとなる。古代の王朝はおおむね三百年前後の命脈を保つが、時運もまたおおむね三段階に展開するものと考えてよいようである。

白川でございます。本日は、たいへんうららかな春日和で、あちらこちらからの花のたよりも多いことでございますが、本日は遠方からもたくさんの方がおいでいただきまして、まことに感激をいたしております。

今日は、実は金文の第二回でございます。西周三百年の歴史を大体三回にわけて、その盛衰のさまを金文を通じてお話をしようと考えていたのですが、本日はじめておいでいただいたという方もたくさんおられますので、前回とのつながりを一応つけるという意味で、ちょっと前回にさかのぼりましてお話を始めたいと思います。

前回には、青銅器文化というものは、普通には祖先のお祭りなどをする、そういう体系が整うなかで発達したとみられていますが、私は青銅器の原質は呪器である、異民族に対する一つの圧服の手段として、その境界線に埋めておくというような機能をもったものであるということを、お話しました。異民族に対する警戒、外部に対する警戒というものは、必ずしも青銅器文化を待って起こるというものではない、むしろ

国（國）◎

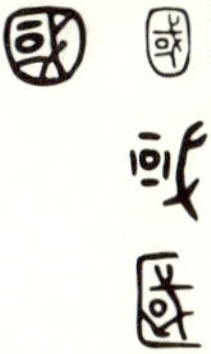

それぞれの部族が、その生活を始めるその原始の時点において、他の部族との競合の関係などがあって、外部に対する警戒心をもっていた。だからそういう点から考えますと、青銅器の出現の前に、そういう状態があったのではないかと考えられるのです。

この前にはお話いたしませんでしたが、まずその最初のところから申しあげることにいたします。古い時代の邑落はだいたい馬蹄形で、三方を囲みまして、そのなかに部族の集落を作るという形でした。この馬蹄形にめぐらしたものは、京都の例でいいますと、ちょうどお土居にあたります。お土居のようなものを集落の三方にめぐらす。前面は出入口であいています。のちに少し大きくなりますと、方形の国（國）の字形をとります。そのとき城壁を築くのです。その城壁のもとの形が、お土居の形式であった。そのお土居、のちの城壁を作るときに、版築《はんちく》といって、土を枠のなかに入れて、一段ずつ細い棒（杵）で突き固めるようにして、城壁を築くのですが、非常に古い時代には、そんなに手のこんだものではなくて、木の枝を撓《たわ》めて括って下に置き、その上に土を重ねて作る。そしてそのお土居のなかに、お土居自身は防御力が弱いものですから、お札《ふだ》を入れてお守りとするというやり方をしました。これは文字の字形のなかにそういうことが残されているのです。

木の枝がある、この木の枝を組みあわせて束ね、そこに土をたくさんかぶせる。そしてお土居を作るのですが、その下に曰《えつ》という、祝詞を収めた器を入れる。なかにお札が入っています。これでもう字になる。者という字です。古くは者と点がついてい

ます。これは土のなごりです。こうしてだいたい一丈平方ぐらいの土塀を作るわけで、その単位を堵《と》といいます。一堵は一丈四方、いわゆる方丈の室です。わが国で方丈といいますが、向こうでは環堵《かんと》といいます。「環堵 蕭然《しようぜん》として風日を蔽《おほ》はず」（陶淵明「五柳先生伝」）というように、環堵といいます。者はこの堵のもとの字になります。このお札が青銅器の時代になりますと、青銅器と代ることになります。だから青銅器を辺境の呪器として用いるという考え方自身は、すでにこの堵の時代において行なわれていたのです。これは部族としての生活の集落の、一番初期の段階を示している字ですから、そういう古い時代からすでにこのような観念があったということがわかります。

このなかに入っているお札のことを、書といいます。者の上に文字を示すために筆を示す筆先、竹の先を割ったような形ですが、この筆を手にもつ形を加える、これが書です。書は大変のちに作られた字のようにみえますが、本当は邑落国家の時代、まだ部族国家にまで発展しないような古い時代からすでにあった。お札をお土居に埋めて、禍をなす悪い霊の侵入を防いだ、その時代にすでにその観念があったということです。

だいたいこの者は、都をとりまくお土居の形ですから、ここに邑という字を加えます。旁《つくり》としては阝（おおざと）となり、都（都）となります。のちに城郭の組織になりますと、城郭の出入のところに高い門を作って、正面は南大門とします。そこにア

京

ーチ状の入口をつくり、左右両方出入りができる、これが京という字です。だから、京・都という文字の成立は、随分古い。しかもそれは邑落を営むような非常に古い時代からすでにあったといえるのです。

　そのように、自分の居住の地域の周辺を、異民族の侵攻というよりも、むしろ異民族の霊的な力、あるいは呪詛をかけられることを防ぐために、お祓いのために、お土居を作る。そこにお札を入れる。それが青銅器の時代になりますと、こんどは青銅器をもってそれに代える、ということになるのです。だからその時代の青銅器は、非常に神秘感に満ちたものである。つけられた文様も、単純な文様ではないのです。まず全体の地の文様、地文《じもん》をつけますが、それはおおむね雲が渦まいているような、雲雷《うんらい》文《もん》というもので埋《うず》めます。その上に鳳凰がはばたく夔鳳文《きほうもん》、龍のかけるような虺龍文《きりょうもん》、また虎の形を両面にひらいたような饕餮文《とうてつもん》というような、たいへん神秘な文様がついています。雲雷文を地文として、このような神霊の満ち満ちた世界を象徴するような文様を加える、これが初期の青銅器の文様です。そういう文様を加えたものを、国の辺境の部分に隠して埋めておく。これは露出しておきますと、充分に呪力を発揮することができない。容易に発見され撤去されてしまいますから、だいたい埋めてしまうのです。

　この前に、そういう例としてお話からもれましたが、北の方では、スキタイ系の異族の勢力に対するために、遼寧のあたりに、山の上に六箇の青銅器が重ねて埋められていたという例がございます。西北の方では、オルドス方面、これは匈奴が侵入する道筋ですね。そこにやはりそういうものが出土したことが報告された。そして前回にお話しましたように蜀の三星堆《さんせいたい》の遺跡に異様な神像が出てまいりました。そういう異民族の神々に対してやはり呪鎮として、陝西省の西南部の山中から、そういうものが出てきた。最も多く出たのは、例の岳陽楼のあります洞庭湖の西南の山ぎわです。私が研究をはじめましたころは、わずか三、四器ほどしか発見されておりませんでしたが、最近ではその地域だけでも三十器近くになっております。これは固めて埋めてあるのではなく、多分一箇ずつはなれて、ある程度の間隔をおいて、山岨《やまそば》の傾斜面のところに埋めてあった。それが土砂の崩壊などによって、三千数百年を経て今日姿をあらわした。しかも、その器のなかには斧や、小さい刀を多く加えてあるようなものもあって、ちょうど千手観音のように、それらがすべて敵に対して威力を発揮するという想定のもとに、埋められていた。また揚子江の南側のところに鐃《どう》という、釣鐘を逆さにしたような形のものが、点々と東西に並んで出土するのです。これは柄が下になって、上の方が口になって開いている。柄があっても持って振れるようなものでなく、重さは四十キロから五十キロぐらいもある。それがみな口を上にして、かなりの数が出てきているのです。鐘とは上下が逆さになっているのですが、文様はまともについています。最近の日本で出ました考古学の論文集でも、鐃は普通の釣鐘のように柄を上にした形にすると図柄が逆になるが、なぜそうなっているのかわからないと書いて

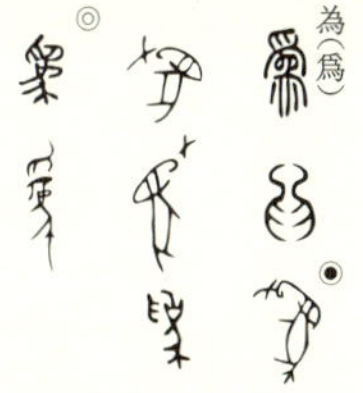

ある。これは、そういうふうに器を逆さにするから逆になるのであって、はじめから上に口を開いたままで埋める。呪鎮として、その目的で作られているから、その文様は逆さまではなく、それでまともなのです。四十キロも五十キロもあるものを、手にとって振って鳴らしうるはずはないのです。

　そのように非実用的な楽器を、なぜそんなところに埋めたのか。おそらく殷王朝がやったのでしょうが、異族に対する呪鎮として、呪力を加える必要があったのであろう。揚子江の北側の地は、当時は鬱蒼たる森林地帯であった。それは地層学的に判明しているのです。そこには非常に多くの象が群棲していた。夢のような話ですが、しかし殷の青銅器の中に象文《ぞうもん》という、象を文様にしたものがかなりたくさんあります。この象はいうまでもなく、労働力としては最も利用しやすい動物で、これを大きな土木工事のときに使う。「為《な》す」「為《つく》る」の為（爲）は、象を使役する形です。その象の群棲地帯を守る、それが一つであったであろう。もう一つは、淮水《わいすい》の中流ぐらいのところに、良質の銅鉱があって銅が出土する。当時は南金といった。この銅は青銅器を作るときに必要ですから、これを確保することが大事であった。だから殷自体は河北、河南を中心とする勢力ですが、安徽省にまで勢力を及ぼすというような意味で、この方面を鎮圧、保有することが必要であった。そういうことがあって、おそらく長江の南沿岸のところまでを、自己の支配圏にする必要があったのでしょう。

　青銅器を多く呪器として埋めているのは、今申しました岳陽楼のあります洞庭湖の南西、寧郷というところから、これは三十器近く出ている。南北にわたって、おそらく山の岨《そば》だったところに点々と埋められていたのであろう。なぜそんなにたくさんの呪器を埋める必要があったのか。それは殷に対する敵対勢力として、何らかの勢力がその前面にあった、ということが考えられます。寧郷の西側に一つの山脈が南北に走っています。武陵山脈です。ここは今でも渓族《けいぞく》という民族が住んでいて、渓族の自治区となっている。その山脈には、かつて晋の陶淵明が「桃花源記」を書いた、桃源の地のあるところです。「武陵の人、魚を捕ふるを業と爲す。溪に緣《よ》りて行き、路《みち》の遠近を忘る。忽ち桃花の林に逢ふ」、そして川に沿うて進んでゆくと、トンネルのような洞穴があり、それを抜けると、やがて全くの別世界、桃源郷の地が現われたというようなことが「桃花源記」に書いてあるのです。

陶淵明がなぜ「桃花源記」を書いたのか。少しわき道になりますが、委細を明確にするために少しお話を添えますと、陶淵明の曾祖父は実は渓族の出身であった。陶侃《とうかん》という、東晋時代の将軍であった。実力者であったから、欲すれば王位を奪うこともできた。彼自身もそういう考えをもっていたのですが、あるとき天から落ちるという夢をみて、その志をあきらめたという話があります。陶淵明の父は一切世に出ることなく、ひとり自らを清くして暮らしたという人で、陶淵明もその人柄をたいへん慕っていました。彼は一時出仕して東奔西走するのですが、どうも自分の役柄にあまり得心ができない。それで、恭しく儀礼をして小童《こわつぱ》どもに頭を下げるのはいやじゃ、「我れ豈《あ》に能く五斗米の爲に腰を折りて郷里の小兒に向はんや」といって、彼はその官をやめて隠居した。四十歳ぐらいで隠居したのです。彼の詩文集はだいたいそのときに終わっております。彼はまだのち二十年ぐらい生きていたはずなのに、のちの詩文がありません。つまり彼もまた世に隠れたという人であった。この武陵山脈の渓族は、非常に古い殷周の時代から今日に至るまで、ずっとこの山中に暮らしている。しかもこの渓族はおそらく殷周よりもむしろ古い文化をもっていたのではないかと考えられるのです。西の方から早く伝わってきたいろいろの農耕の知識であるとか、天文学の知識であるとか、そういうものが多分、この方面に早く入ってきていたのではないか。それでこの武漢三鎮のあたりが彼らの拠点であったのですが、この方面の屈家嶺の古代文化は、殷周の古代文化よりも古いのです。しかも稲作の文化をすでにもっています。その文化が長江の下流に伝わり、わが国にやってきたといわれます。

こういう情勢を考えますと、寧郷において三十器に近い呪器を、殷の王朝がこの武陵の山脈に向かって並べたということの意味がわかる。また長江の下流に、あの大きな鏡《どう》というものを埋めた意味もだいたいわかるわけです。この鏡に対して、苗族の聖器である銅鼓が、出土する例が多いのです。このような文化は、ひとり中国だけでなく、やがてはるかなのちの時代になりますが、わが国にも伝わる。そして出雲の賀茂岩倉という遺跡から、三十数器の銅鐸が発見された。これがやはり山の斜面に貼りつけて、上から土をかけて隠してあった。同時にたくさんの鏃《やじり》だとか鉄の小さなナイフだとか、そういうものがあわせて出てくる。この青銅器のあり方が、寧郷における青銅器のあり方と全く一緒なんです。寧郷出土の大きな瓿のなかには、斧を二百余も入れておくような例もある。全く同じ様式、同じ形のものが、出雲のそのような青銅器文化として出てくる。だから殷の時代の文化が、遠く千数百年を隔てて、わが国に伝えられていたというようなことがわかるのです。そして青銅器の原質が、かつては呪器であった。異民族を祓い清めるための呪器として、その境界線上に埋められていた。そのような事実が、東アジアの古代史的な事実として、中国にも日本にもみられるということです。つまり東アジアの文化は、その状況においては一つの様式をもっていたということがいえるわけです。これがだいたい青銅器の原質ともいうべき、本来のあり方であったのではないか。

それがやがては、その地域の山川の神を祀るお祭りの祭器として使われるようになった。そして、一つの王朝が成立し、その王の家筋、また臣下の家筋が連綿と続いて一つの政治組織を作りあげるということになりますと、祖先崇拝の形がおこって、これが家の祭祀の道具になるのです。

だいたいそのような時点において、殷周革命がおこった。殷の青銅器文化というものが、これによってその本質的な性格を失います。殷は古代王朝として栄えた、非常に勢力のある王朝でしたから、周が武力をもって一時的にこれを倒したとしても、完全にこれを支配するということは容易にできなかった。そこで各地を討伐して、その残存勢力を滅ぼして、新しい王朝をたてなければならんというので、この殷周革命の時代には、戦争が非常に多く行なわれた。その戦争の恩賞、論功行賞として、青銅器を作る材料を与え、青銅器を作ってその祖先を祭祀させるというようなことが行なわれるようになって、はじめて周の青銅器文化がおこってくる。

この周の初期の青銅器には、年月などの記載があまりありませんので、断代編年、何王の何年の器であるのかということが、定めにくいのです。器物の数は非常に多い。また器物を分類して、これは召公関係、これは周公関係、これは王姜《おうきょう》関係という、おそらく成王の夫人であったと思われる人ですが、この人が戦後の経営、成王の政治にたいへん大きな役割を果たしている。そういういろいろな指導的な勢力があって、そのもとに立ち働いた多くの氏族があり、その間に作られた青銅器がたいへん数が多い。数の上でも制作の上でも、西周三百年を通じて、最も青銅器文化の豊かな時代であった。ただこの前お話ししました断代編年の上から申しますと、初期には紀年銘をもったものは非常に少ないのです。したがってその王様が何年まで在位したかというようなことは、ほとんどわからない。西周の王様は文・武・成・康・昭・穆というふうに数えまして、共和期を加えますと全部で十四代であります。前回は文・武・成・康四代のお話をしましたが、これはいわゆる創業の時代、周の青銅器文化の最も充実した華やかな時代です。しかし、周自体がそういう青銅器文化をもっていたのではなく、これらの制作者はほとんど殷王朝の残存勢力、特にそういう制作に携わる技術者の集団が残っておりまして、彼らが新しい気象に満ちた、周王朝の創業にふさわしい青銅器を作った。殷の王朝の何か蓊鬱《おううつ》たる、神霊の気を感じさせるような古代的なものではなくて、もっと解放的な、明るい活力に満ちた青銅器文化が生まれてきます。同時に文字もまた、殷の時代にはいかにも文字そのもののなかに神霊が宿るというような、非常に重厚な文字が書かれていたのですが、周の初めごろになりますと、健爽《けんそう》というふうな健やかでさわやかな力強い、のびやかで明るい、細かいことに拘泥しない、そういう文字が青銅器に記されています。これがだいたい第二期に至るまでの青銅器文化のおおよその経過です。走るようにお話をいたしましたが、これまでがだいたい前回お話いたしました要旨です。

第二期に至りますと、昭・穆・共・懿・孝というふうに五代続きまして、それは創業の時期をうけた第二の時期で、本日はこの時期の青銅器のお話をしようと思います。資料を入れてございますので、それによってお話します。

西周三百年の歴史のうち、歴代の王の在位年数のわかっているのは、一番最後の幽王、その前の宣王、その前の共和期十四年、これだけです。その前の厲王三十七年は、だいたいそうであろうと思うが、異説もあります。その前の夷王以前は、もう全く年数がわからないのです。いわゆる断代、文・武・成・康それぞれ王様の時代に分け、その暦譜を作る作業は、手のつけようがないのです。今まで三十人ほどの人が試みているのですが、みな違っていて、三十通り出てくる。ほとんど一致するものが得られない。青銅器の銘文には、その年月日を書いたのがありますが、何年何月何日とは書いてございません。「隹《こ》れ何王の十有五年三月初吉丁亥」というような書き方で、日の特定ができないのです。だから基本になる一つの暦を作る。その計算は春秋時代の暦がほぼ復元できていて、春秋長暦と申しますが、それから遡って一年ずつ計算してゆきますと、ある年の元旦の干支番号がわかります。それでもし殷周革命の年がたとえば紀元前一〇七五年であるということになりますと、ユリウス暦の計算で元旦の干支番号を計算することができる。暦のことですから、ほとんど途中でかわることはありません。『孟子』に「天の高きや、星辰の遠きや、苟《も》し其の故を求むれば、千歳の日至も坐して致すべし」（離婁下）と書いてございます。千年後の冬至・春の中日でも、たちどころに計算できるというのです。

器物に書かれている年・月・日の書き方で、何日とは書かず、一箇月を四週に分けて書きます。初吉（一日から八日）・既生霸（九日から十五日）・既望（十六日から二十三日）・既死霸（二十四日から三十日）、このように四週に分けます。だから初吉と書いてあれば一日から八日まであるわけで、計算をする場合に動きがある。そういうことも考えなければならない。初吉の吉は詰、つまるという字です。月がはじめは全く見えなくなって、それから一日、二日と次第に形ができてくる。それで初吉といいます。霸は白い光というぐらいの意味です。上部は雨。下の方は革。死んだ獣の皮です。獣が死んで手足をのばして仰向けに寝ている。そして皮だけが残る。これが霏《は》です。雨

昭元	1026	⑬
2	1025	⑦
3	1024	㉛
4	1023	㉖
5	1022	⑳
6	1021	㊺
7	1020	㊴
8	1019	㉝
9	1018	㊼
10	1017	㊶
11	1016	⑮
12	1015	⑨
13	1014	④
14	1013	㉘
15	1012	㉓
16	1011	⑰
17	1010	㊶
18	1009	㉟
19	1008	㉙
20	1007	㊾
21	1006	㊼
22	1005	⑪
23	1004	⑥

でさらされ革が白くなる。それで霸は白い意味になり、月光を意味するので月を添える。最初は月はなかった。月の最初はうすぼんやりした光ですが、この時期になりますと、はじめて白くはっきりした光になる。それで既生霸です。既望の望は望月。望が終わって一週間が既望。既死霸は、この光が消えていって、影のようになってゆくときです。

一箇月をこのように四週に分ける。だからだいたいその月数にはまるような計算をする。紀元前一〇五六年ということになれば、その年の元旦朔、干支番号がいくつであるかということは、表の上で計算されているのです。それはだいたいわかる。ところが王の在位数をどこで区切るか、ここからのちが昭王、ここからのちが穆王というようなことは、研究者の考え方次第でいろいろ違ってきます。私は昭王の元年は紀元前一〇二六年であるという計算をした。昭王のこの時期に属すると思われる器物の計算をやりますと、その関係のものがみなうまく収まるのです。器物はだいたい、ある程度グループ化することができますので、そのグループの青銅器の日付が、ちょうどその暦譜のなかに支障なく収まれば、その単位の断代のできる可能性が一応考えられる。そういうものをいくつか作り、つなぎあわせて全体化することができれば、暦譜が完成するということになります。

昭王の時代の器物として、暦譜の入るものが二つあります。〔資料1〕の方の銘文が文字もはっきり見えますので、これを説明したいと思います。釈文と訓みはつけておきました。最初に「隹《こ》れ」という字が出てきます。これは鳥、フルドリの形です。これだけならば「スイ」という音になり、この用法にあいません。のちこれに祝詞の器の形（𠙵）がつきまして唯となった。鳥を媒介にして、神様のお告げを承るということです。だから唯《い》は「ハイ」という承諾の意味をもつ。このように恭しく物を申すときには「隹《こ》れ」という字を発語に使うのです。次の「三年」の三という字。三本棒を引くわけですが、この筆の入れ方が逆に落としてぐっと引く、いわゆる逆入という

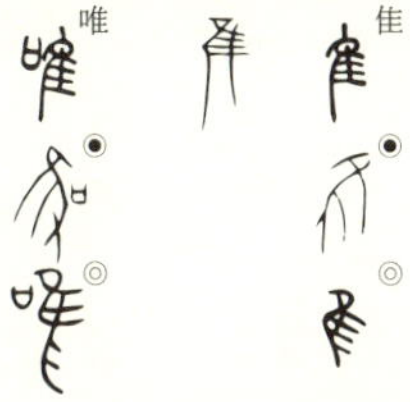

【資料1】達盨（『文物』一九九〇年七期）

隹三年五月既生霸壬寅、王才周、執駒于滆应、王乎巂趩召達、王易達駒、達拜𩒨首、對揚王休、用乍旅盨

隹れ三年五月既生霸壬寅、王、周に在り、駒を滆《かく》の应《よく》に執《とら》ふ。王、巂趩《けいよく》をして達を召さしむ。王、達に駒を賜ふ。達、拜して稽首し、王の休に對揚して、用て旅盨を作る。

筆使いをしています。これは大体この時期の文字の特徴で、のちにはほとんど出てきません。篆書《てんしょ》の体になりますので、こういう手法はほとんどなくなるのです。

「年」という字の上は禾。農作物ですね。下の方は人という字です。人が麦の穂をかぶっているように見えますが、稲作をやりますときに、豊作を祈るお祭りの田舞いをする。稲で作ったものを笠にかぶり、男はこのように立って舞う。女は腰をかがめて低く舞うので委という。いわゆる田舞いです。年と委は田舞いの形式を文字にあらわしたものであると考えることができます。

「既（旣）」という字について。左にあるのは食器の形です。上が蓋、中が身、下が台です。ここに坐るならば席に即《つ》くの「即（卽）」。このお膳の前に両方から坐りますと「卿《けい》（卿）」。つまり天子から食事を賜うという、その席に即くことのできる人、宮中に参内して、御宴に連なるのが卿ということになります。ところが食器を前にしまして、もうお腹いっぱいとうしろを向いておくびしている。もう済みましたというので、既という字になる。氵《さんずい》をつけると漑《がい》、うがいをするという字になる。これらはみな、食器を中心とした字であります。「既生霸」これは先ほど言いましたね。お月さんが三日月からもう少し光が出てきて、満月に至るまでの間です。

「壬寅」の「壬」はレールを途中で切ったような形をしています。工具の中央の支柱にふくらみがあり、腰かけなどにも使える台座の形です。「寅」は矢を両手でもって、その曲直を正す形です。上の方に弓張の形がついた形もあります。「王」は鉞の

形です。鉞の頭の部分を玉座に、王のシンボルとして置く。「在」は銘文には「才」とありますが、在の意です。縦横の棒を地に立てて、そこに祝詞をつける。神様はここにお降りになるというので、在という字になります。子をつけますと存になります。「⿰句馬」は馬と句が今の字と逆になっていますが駒です。句には小さいという意味がある。「駒を執る」というのがどういう儀式であるかわかりませんが「周礼《しゅらい》」の校人にもそういう執駒のことが出てきます。どうも仔馬をとらえて何かをするというような儀式があったようです。古い注釈書によりますと、それは駒の通淫を避けるため、別のところに繫いでおくのであるというような説明があります。次に「滆《かく》の庂《よく》に」の「庂」。庂は家の構えが上につきまして、のちには廙という字になる。立には「ヨク」という音もあり、宮城の別館、別宮などを「庂」と申します。おそらく滆水のほとりにそういう別宮があって、執駒の礼というものが行なわれた。「王、巂《けい》趩《よく》をして……」の王の下にある字は「乎」です。これは呼子板、鳴子板です。板の上に小さい紐でくくった札を多くつけて、振りますと、パターンパターンと音がする。人を呼ぶときに使います。だから呼ぶとか、命令の「〜せしむ」とかいう使い方をする。「巂趩を呼んで」ということですね。「達を召さしむ」の「召」は上部が人の形、下が祝詞の形です。祝詞で神様をお呼びすると、神様が上の方から降りてこられる。それが「召」です。足から先に降りてくる場合、「各」という字になる。各は「いたる」と訓み、木偏をつけると「格（いたる）」という字です。次は「達」と一応よみましたが、達と

よむかどうかはよくわかりません。達は大の下に羊を書く。この羊はうしろから見た形です。羊をうしろから見た形は「美」ですが、羊がふっくらとして腰が豊かであるのは美しく、神様がよろこばれる。美の下の大は、達の字に出てくる大と同じです。その下から羊が降りている形、つまり羊が生まれおちる形です。[詩経]に「先づ生まるること達の如し」（大雅生民）という句がありますが、后稷が生まれるとき、まるで羊がポトリと仔羊を生みおとすように安産であったということです。だから達は羍《たつ》の声義をうける字であることがわかります。

次に「拝して」の「拝」、この字では意味がよくわかりません。しかし字は右の方が草の形で、これを手で抜きとる。だから拝は「ぬく」と訓む。[詩経]に「蔽芾《へいひ》たる甘棠《かんたう》　翦《き》る勿れ　拜《ぬ》く勿れ」（召南甘棠）という。拝は本来はしゃがんで草花を抜くときの姿勢です。この姿勢が人に敬礼をするときの姿勢に似ているところから、拝礼の拝となった。「拝稽首」の「稽」は、旨という字の横に眉・目・人を書いています。神霊が天から降りてくるのが、旨。詣の初文。それを拝んでいる形です。このまま字にすると頶。のち稽となる。竹林の七賢の一人に嵆康《けいこう》という人がいます。この嵆字は後出の字ですが、秋が「ケイ」の音符です。「稽首」の「首」は首の形。上の方は髪の毛三本並べて、その下に目を書く。それで首です。「對揚」の「對」は城壁などを作るとき、歯状の刻みをつけた丵《さく》という棒状のもので土を突き固めます。それを手にもっている形です。丵の下の線は土です。この作業を版築《はんちく》といいますが、殷の城壁に

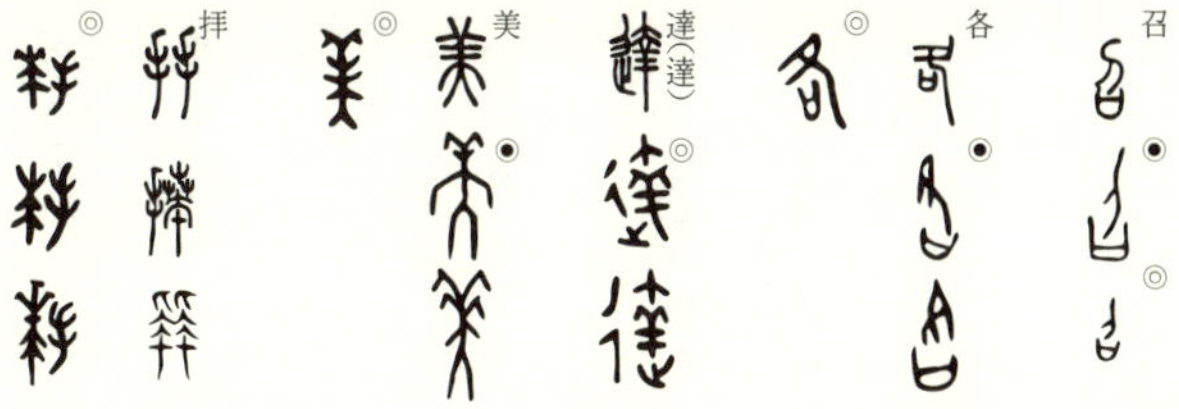

残っている版築の跡は、非常に小さい丸がたくさん並んでいます。だいたい、相向こうて土を撲《う》つので、対（むかいあう）というような意味になる。「對揚」の「揚」は上の方は玉、その下は玉光、それが台の上に載っている形です。本来はどちらか一つあればいいものです。それを両手で捧げている形。台の上の玉の光が、下の方まで放射する。その光の部分が昜の勿となって残っているので、玉の光の恵みをうけて、ありがたいという字になるのです。「對揚」は恵みをありがたく思う、恩寵にこたえるというような意味に用います。

「休」は今の字では人と木になっていますが、この木はご覧になるとわかりますが、上部が曲がっている。古くは木であると思ったので、木蔭に休むという解釈がなされていた。ところがどうみても木でなく、禾のような農作物だということがわかった。しかしわざわざ農作物の上で休む必要はない。これは一種の飾りの木です。しかも二つ並べて立てることもあります。今の形で申しますと鳥居に近い。一本ならば禾、鳥居のことを禾表（華表・和表）と申します。鳥居を半分切りにしたようなものを軍門に立てる。あるいはお墓の前、あるいはお祭りをする神聖な場所の前に立てる。この禾を両方並べて立てることを両禾という。軍門に立てることが多いので「兩禾軍門」といいます。軍門の前で表彰式などを行ないます。崖下のようなところに秝《れき》を立て、その前に祝詞をおさめた器をおくと暦（曆）。軍における功暦を旌表《せいひょう》（表彰）することを暦といいます。金文ではそれを蔑暦といい「暦《いさをし》を蔑《あらは》す」と読みます。蔑は目に呪飾

頴(稽)　首　対(對)

を加えている形。戦争などのとき、その最前列に目に隈取りをした巫女たちが並ぶ。記録によりますと三千人ほど並ぶこともあったという。そして敵陣に対して一斉に呪いをかける。巫女は呪力をもっておりますから、戦争が終わると、敗けた方の巫女を全部捕らえて、首をはねてしまう。この蔑の字形は、巫女に戈を加えて伐る形です。その伐が「ベツ」の音で伝えられる。蔑暦は戦争の功績を表彰するということになります。

「旅盨《りよしゅ》」の「旅」は、旗をかざして多数の人が並んで歩くという字です。旅といっても、今日のように観光のための物見遊山ではありません。氏族軍の旗を掲げて行進するという意味です。だから旅というのは、だいたい戦争に関するときに使います。あるいは都から遠くはなれた別の離宮があるようなとき、これを旅宮という。旅盨は、その旅宮で使う器物というような意味です。「彝」は少しわかりにくい字ですが、鶏を羽交いじめにしている形で、この鶏は血を吐いている。新たに作った青銅器に、その血を塗ります。青銅器の鋳込が不充分なとき、隙間に浸透する。また犠牲として清める意味もあったのだろうと思う。青銅器の礼器を総称して彝器といいます。

この銘文は文字がわりにはっきりしていましたので、文字の説明をいたしました。それで、〔資料2〕の銘文をみます。三行目に「段《だん》の暦《いさをし》を蔑《あらは》し」という句がある。「蔑暦」という言葉ですね。この蔑という字には禾がついていますね。両禾軍門、陣営の前に立てた鳥居の形です。鳥居を半分にした形ですね。これが日本に来て鳥居になり

ます。日本の鳥居は古い文献には出てきません。記紀・万葉には出てこないのです。律令制以後の文献にしかみえません。だから私は、日本の神社建築はそんなに古いものではなかろう、神代時代にはまだなかったであろうと考えております。

この銘については、訓みをつけていますので、読んでおいていただくとして、暦の計算をしますとこうなります。かりに一〇八頁に掲げてある昭王の暦譜で計算すると、紀元前一〇二四年は元旦の干支番号が㉛である。先の三年達盨という器物の紀年日辰は、「三年五月既生霸壬寅」となっている。月の計算は大・小・大・小……で進みますから、五月は二回小の月をこえている。それで㉛から二を引き㉙、ここにある日付は壬寅㊴ですから㉙から数えて十一日目。それは既生霸の範囲（第三日）内に入って

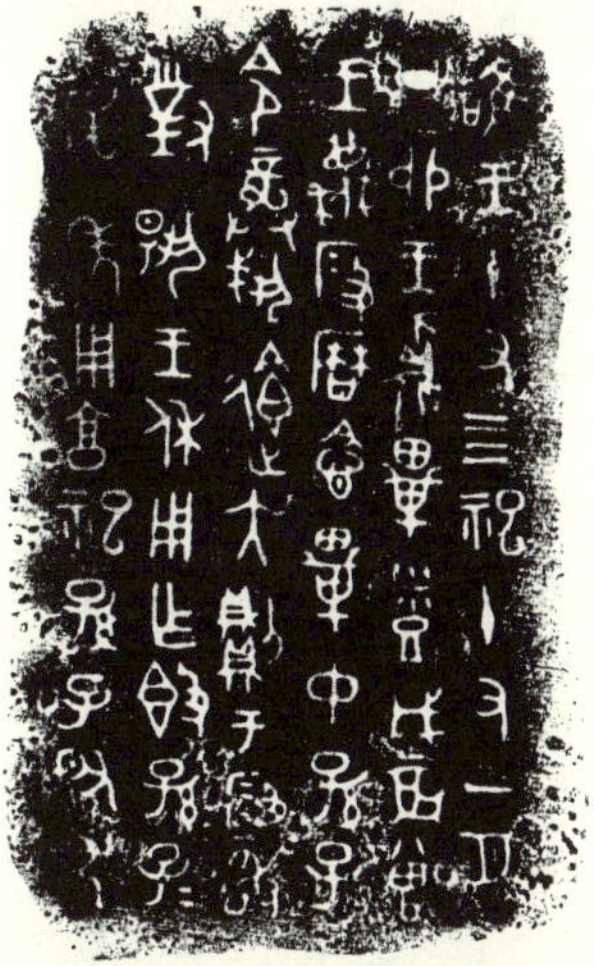

【資料2】 段㲉（『金文通釈』巻一下・七四、二〇〇四年、平凡社刊）

唯王十又四祀、十又一月丁卯、王鼒畢、登、戊辰、曾、王蔑段曆、念畢中孫子、令龔𡛨、遺大𠟭于段、敢對𩑋王休、用乍㲉、孫〻子〻、萬年用享祀、孫子□□

唯《こ》れ王の十又四祀、十又一月丁卯、王、畢《ひつ》に在り。蒸《じやう》す。戊辰、曾《そう》す。王、段の曆《いさをし》を蔑《あらは》し、畢仲の孫子を念ひて、龔𡛨《きやうくわ》を令《たま》ひ、大則を段に遺《おく》らしめたまふ。敢て王の休に對揚して、用て㲉を作る。孫〻子〻、萬年まで用て享祀せよ。孫子□□。

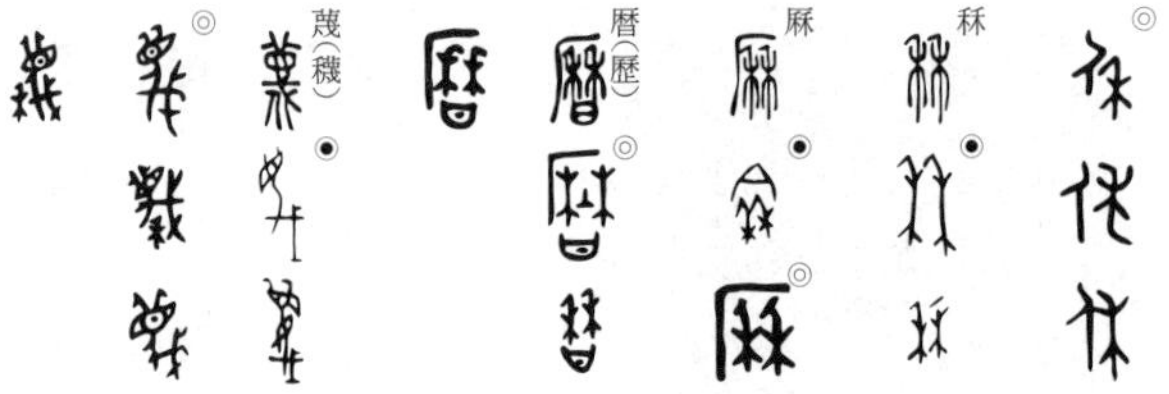

いますね。次の段𣪘は週名が入っていません。確定しがたいのですが、かりにこの王の十四年としますと、元旦朔は㉘、この時代には十九年に七回閏月が入ります。そうすると一閏の三十日が加わる。その(58)から、十一月ですから小の月の分を五引く。(53)から丁卯まで数えると第十二日であるということになる。

前一〇二四㉛　三年達盨　三年五月既生霸壬寅㊴（第十一日）

前一〇一三㉘　十四年段𣪘　十四祀十一月丁卯④（第十二日）

こういう計算法で計算していきます。少し熟練されますと、暗算で計算できるようになります。

次は穆王の時代です。文・武・成・康ののち昭・穆二代が続きますが、この昭穆は廟制の上から申しまして、それは太廟といわれる中心の廟があって、その下に左右に配置されて廟祭をする。この太廟の位置につくのが康王の廟、左・右に昭王・穆王の廟を配するというようにして、歴代配置し、ずっと廟祭をする。これが昭穆制であります。昭・穆の時代はそういう意味で周の礼制、周の祖先祭祀の形態がだいたい定まるというような時期であった。そしてこの時期には、青銅器の文様が大きく変化します。昔は神怪蓊鬱たる神々があらわれてくるであろうというような、鬱然たる文様を加えた。しかしこの時代になりますと、天下の形勢は定まり、周の王朝の支配が決定的なものになります。そうすると礼楽文化がおこる。今までは創業の時代でしたから、活力に満ちた精神が尊ばれる。文・武・成・康の時代はそうであった。しかし昭・穆

の時代には、そのあとを承けて、内の秩序を確立するという時代になる。それで、礼楽文化という方面に、国の力が集中されることになる。それぞれの時期によって、国の方向が定まり、その方向に向かって一斉に活動するという、非常にリズムのととのった、美しい国家の展開の姿というものが出てくる。だいたい、東アジアの王朝は一つの政治秩序が生まれますと、三百年ぐらい続くのです。殷も般庚の時代以後安陽に都して二百数十年、西周も三百年ぐらい、春秋時代が少し短くて二百四十年余り、いずれも歴史的な一つの時代であった。それからのち、戦国を経て秦漢の四百年、六朝の二百年足らず、唐・宋・元・明・清、元の九十年ほどを除けば、みなだいたい東アジアの王朝は三百年ぐらいの間、一定の秩序をだいたい保ち、一定の歴史的発展の形態をもって、非常に美しい歴史の流れを形成してきた。

　わが国の場合でも、だいたい雄略朝あたりが日本統一の時代であるとしますと、律令制に至るまで三百年、平安朝がだいたい三百年、鎌倉・室町がだいたい三百年、江戸時代がだいたい三百年です。東アジアの王権・王朝の政治秩序というものは、ヨーロッパのようなジグザグとは違いまして、だいたい三百年の長さで、きれいに一つのリズムをもって動いているのです。ただ、今日の歴史は必ずしもそうではありません。いずれもジグザグでドタバタである。歴史的な美しいリズムを失っていますね。しかし古代の王朝政治組織は、だいたい三百年を一期として非常に美しい歴史的なリズムを奏でている。周の王朝も審らかに見ていきますと、そこにはまことに美しい歴史のリズムをたどることができる。歴史というものはそういうものでなければなりません。そのために、だいたいものをはじめる時期があり、それをととのえる時期があり、充実発展させる時期があり、やがて内部矛盾が抑制できず、矛盾が出てくる時期がある。これでだいたい三百年かかるのです。わが国の場合、今まではそのリズムができていた。しかし明治以後急テンポになり、それから敗戦以後にはそのリズムがないのです。時代はだいたい起・承・転・結で動く。今日、戦後六十年たちまして、一向に美しいリズムの流れがみえないのは、起・承・転・結の「起」がないのです。それで承・転・結に展開しようがない。これは出直すほかはなかろうと思う。

実はこれは、青銅器三百年の歴史をお話してからのちに、結論としてさしあげるために用意していたことですが、今日、日中のあいだがこのようにぎくしゃくして、デモがしきりにおこるというような、非常に不幸な状態になった。これは何故か。これはおそらく両方とも起・承・転・結の「起」の部分を欠いているのではないか。お互いに反省の材料があるのではないか、と私は考えております。

本題からはずれて、先にそのようなことを申しました。本題にもどります。穆王のところからもう一度お話をします。

この穆王の時代の最も典型的な青銅器の文様は、鳳文です。鳳凰の文様です。これは前の方が前垂れのような垂れ、うしろの尾は割れておりますから、垂啄分尾《すいたくぶんび》というように申します。夔鳳文ですが、これが鳳文の古い形です。これからのち、だいたい穆王期を通じまして、この鳳凰の首がうしろをむく顧鳳文《こほうもん》を、器腹いっぱいに大きく、きわめて鮮麗に描きます。そういう顧鳳文が支配的になる。それが穆王期の支配的なモチーフです。日本の花ガルタ、花札ですね、そのなかに桐の花を描いて鳳凰がとんでいるのがありますね。あれは実は〔詩経〕大雅の巻阿の篇に、そういう句があるのです。「鳳凰　鳴きぬ　彼の高岡に　梧桐生ず　彼の朝陽に」。いわゆる吉祥のしるしとして描かれているのが顧鳳文で、穆王時代の一番主な文様のモチーフである。としますと、この〔詩経〕の詩は、穆王の時代におけるお祭りの形式、そういう様式のなかで生まれたものではないか。〔詩経〕の古い時代のものには、このあたりまで遡ることができるものがあるのではないかという気がします。

　穆王の時代には、いわゆる紀年銘をもつ器物で私の暦譜に入るものが五器あります。私はこの穆王の在位を三十六年という計算をしました。以前には三十一年という計算をしていたのですが、実は三十四年という新しい器物が出てまいりました。それでこれを収めうる暦譜を改めて考えますと、ちょっと延長しなければならんということになりまして、動かしたのです。

前一〇〇三(60)　元年卻曶殷　　元年三月丙寅③（第五日）
前一〇〇二㉔　二祀趩觶　　二祀三月初吉乙卯(52)（第一日）−1
前一〇〇一⑲　三祀師遽殷　　三祀四月既生霸辛酉(58)（第十一日）
前九七四㊷　三十年虎殷蓋　　三十年四月初吉甲戌⑪（第一日）

穆元	1003	(60)	19	985	㊻
2	1002	㉔	20	984	㊵
3	1001	⑲	21	983	④
4	1000	⑫	22	982	(58)
5	999	㊱	23	981	(52)
6	998	㉛	24	980	⑯
7	997	(55)	25	979	⑩
8	996	㊾	26	978	㉟
9	995	㊹	27	977	㉙
10	994	⑧	28	976	㉔
11	993	②	29	975	㊽
12	992	(56)	30	974	㊷
13	991	⑳	31	973	㊱
14	990	⑭	32	972	(59)
15	989	⑧	33	971	(54)
16	988	㉜	34	970	㊽
17	987	㉗	35	969	⑫
18	986	(51)	36	968	⑦

前九七〇㊽　三十四年鮮𣪘　三十四祀五月既望（生霸）戊午(55)（第十日）－5

この五器のうち、うしろの二つの銘は新しく出土した銘文です。これは、私の「金文通釈」の第五巻の断代編年に簡単な釈をつけて出してあります。「金文通釈」は二、三日前に第七回の配本、この第五巻が出ました。全部で九冊、約四千五百ページに及ぶものです。三十五、六年前に出した書物でありますが、このたび著作集を出しました機会に、その別巻として手を加えて出すことにしました。その三十五年の間に、新しい紀年の入った銘のあるものが、二十数器出ているのです。それらを全部加え、部分的にかなり書き直しました。今度出たものは、十章のうちの第八・第九章は全部書きかえました。怱忙のうちに急いで書きかえましたので、不行き届きなところも多いかと思いますが、なるべくは新しい資料も加えたものを残したいという気持でした。

この［金文通釈］はその続編として、新稿殷文札記を新たに加えて全部で十冊、約五千ページございます。最近中国の中華書局から手紙がまいりまして、この［金文通釈］十冊を五箇年計画で漢訳して出したいと言ってこられました。平凡社さんで扱っていただくわけですから、その交渉をお願いしてあります。もしこれが実現いたしましたならば、純然たる学術の書、しかも現代の学術の書として中国に紹介されるのは、おそらく極めて稀でないかと思います。そして向こうの研究者が、私の研究を参考にしたいと考えているならば、わが国の学術もようやく中国と併行するところまで来たのであろうという、感慨をもつわけです。私よりも二世代ほど前に、かつてわが国の中国学、当時は支那学というておりました。そのころは中国の研究水準と並ぶ、あるいはそれを越えるほどの水準に立っていた。それは主として京都学派、京都大学の内藤湖南・狩野直喜、そういう偉い先生がおられて、その時代に中国の王国維とか羅振玉とか、いろんな学者がおられるのですが、そういう学者と並び立つ研究者であるというので、向こうでもたいへん重んぜられていたのです。私は狩野先生のお弟子の橋本循先生の、その弟子でございます。ですから内藤・狩野先生からちょうど孫弟子ぐらいの私のときになって、ようやく中国の学界からも、いわば承認をうけるというようなことになった。この翻訳が実現しますと、私の恩師の恩に報いることができるわけでありますし、またわが国の学界にとっても、一応の刺戟になるであろうと考えております。訳をするだけで五年かかるそうですから、私はその完成をみとどけることができるかどうか、百歳をこえますのでね。よく神様ともご相談をしなければならぬと思っております。

この文字学について二十回、甲骨・金文を含めて二十四回も連続講演をやるというような方は、今はおられないと思う。またこれだけ多くの参加者をもって今日まで継続するというようなことも、容易にはあり得ないことであろう。私はこれは一代の盛事であると考えております。これは皆さまのご協力によって、はじめて実現し得たことであって、私の講義録はすべて書物として残ります。来月には私の故郷の福井の県立図書館に、「白川文字学の室」というのを一室設けてくださって、来月早々にその開所式が行なわれる予定です。また私の母校の立命館では、私のために研究所を創設しようというお話がありまして、私もそこに資料を集め、能う限り仕事を続けていきたいと考えております。今日は非常に多くの方がお集まりでありますので、少しご披露をさせていただきました。

まだ時間がございますから、もう少し続けてお話をいたします。

〔資料3〕の師遽𣪘は穆王期の器でございますが、訳文がありますのでだいたいご理解いただけるかと思います。この昭・穆の時代は、特に周の礼楽・制度というものが整いつつあった時代で、特に顕著なことは、この時代において宮廷の儀礼、廷礼の形式が成立した。たとえば官職を任命する場合、あるいは論功行賞を行なう場合、宮中の儀式次第が非常に整った形で成立する。そしてその形が、周の滅亡にいたるまで、代々維持されている。そういう意味で、この時代は周の礼楽廷礼が完成したときである。その廷礼は三祀《さんし》師《し》遽𣪘《きょき》の銘文に、はじめの形が出てきます。

「佳れ王の三祀四月既生霸辛酉」、これは紀年形式としては完全に年月週（既生霸）、辛酉58という干支、これがついています。「王、周に在り、新宮に格《いた》る」の新宮は、おそらく康王のあとで、昭宮・穆宮というのが出てくる。大廟の下の昭宮・穆宮ですが、穆王の時代ですから、たぶん昭王の廟ができたのであろうと思います。王が廷礼の行なわれるところにいたり、そして「征《い》でて師氏を正す。王、師《し》朕《よう》を呼び」と、そ

【資料3】師遽𣪘（『金文通釈』巻二・一〇〇、二〇〇四年、平凡社刊）

佳王三祀四月既生霸辛酉、王才周、客新宮、王征正師氏、王乎師朕、易師遽貝十朋、遽拜䭫首、敢對䚄天子不伓休、用乍文考旄叔隮𣪘、世孫子、永寶

佳《こ》れ王の三祀四月既生霸辛酉、王、周に在り、新宮に格《いた》る。王征《い》でて師氏を正す。王、師朕《よう》を呼び、師遽《しきょ》に貝十朋を賜はしむ。遽、拝して稽首《けいしゅ》し、敢て天子の不伓《ひひ》なる休に對揚して、用て文考旄《ぼう》叔の隮𣪘を作る。世孫子、永く寶とせよ。

【資料4】虎毀蓋（『考古与文物』一九九七年三期）

の儀礼の執行者の名前が出てくる。「師遽に貝十朋を賜ふ」、十朋の朋という字は、天秤棒の前と後ろに貝を数珠つなぎにずらりと一列につないで、肩に担ぐ。これが一朋です。この貝は子安貝。特異な形をしていて、生命力のいわば根源の力をもっているという信仰があります。だから宝貝として尊ばれた。十朋といいますと、今のお金にしますと相当の価値です。だいたい青銅器一つ作るほどの貨幣価値があった。だから貝十朋賜うというのは、相当なご褒美であった。「遽《きよ》、拝して稽首《けいしゅ》し、敢て天子の不《ひ》丕《ひ》なる休（恩賞）に対揚して、用て文考庬叔《ぼうしゅく》の障毀《そんき》を作る。世孫子、永く寶とせよ」、これはこういう青銅器、先祖を祀る青銅器末文の決まり文句です。定型的なものが、だいたいこの時代に成立した。廷礼の形式、またそういう廷礼をもって記して先祖を祀る、そういう銘文の形式が、この時代に確立されたというわけです。

次の『資料4』は、三十年虎毀の銘文です。「密叔内《い》りて虎を右《たす》く」と書いてあり

朋(朋)

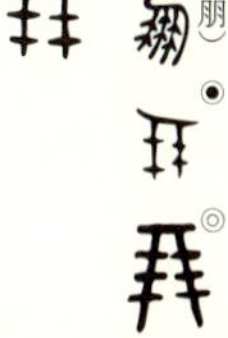

ます。前の師遽𣪘より廷礼はもっと詳しくなっています。また、官職を任命する場合の冊命《さくめい》、今は冊《さつ》という字ですが、古くは木の柵ですから、サクとよみます。

新出の器で、一九九六年八月、陝西丹鳳県鳳冠区より発見された直文の𣪘蓋、いくらか亀裂が入っているが、裏面に十三行百五十八字の銘文があり、字様は穆王期の小字体。その銘文は次の通りです。

隹卅年四月初吉甲戌、王才周新宮、各于大室、窔叔内右虎、卽立、王乎入史曰、册令虎、曰、䎽乃且考事先王、嗣虎臣、今令女曰、更乃且考、疋師戲、嗣走馬駿人眔五邑走馬駿人、女毋敢不善于乃政、易女□市幽黃・玄衣滰屯、䜌旂五日、用事

虎敢拜䭫首、對揚天子不伓魯休、虎曰、不顯朕剌且考、𦣞明克事先王、肄天子弗望厥孫子、付厥尚宮、天子其萬年、䌛兹命、虎用乍文考日庚障𣪘、子孫其永寶用、夙夕享于宗

隹れ三十年四月初吉甲戌、王、周新宮に在り、大室に格《いた》る。密叔内《い》りて虎を右《たす》け、位に卽く。王、内史を呼びて曰く、虎に册命せよと。曰く、乃《なんぢ》の祖考に䎽《あ》りて先王に事《つか》へ、虎臣を嗣《をさ》めたり。今、女に命じて曰く、乃《なんぢ》の祖考に賡《つ》ぎ、師戲を疋《たす》け、走馬の駿人《ぎよじん》と五邑走馬の駿人《ぎよじん》とを嗣《をさ》めよ。女敢て乃《なんぢ》の政に不善なること毋れ。女に□市幽黃・玄衣滰純・䜌旂五日を賜ふ。用て事へよと。

虎敢て拜して稽首し、天子の丕伓《ひひ》なる魯休に對揚せん。虎曰く、丕顯《ひけん》なる朕が烈

祖考、彝明にして克く先王に事へたり。肆《ゆゑ》に天子、厥の孫子を忘れたまはず、厥の常宮を付《あた》へたり。天子其れ萬年まで、茲の命を緟《かさ》ねたまはんことを。虎用て文考日庚の⻖尊段を作る。子孫其れ永く寶用し、夙夕に宗に享せよ。

冊命廷礼を記した文章の形式としては、古い時期の形のものです。官職の内容がみな書いてありますので、これは官職を冊命する廷礼の文です。これからのち、官制・行政の制度が備わりますと、それが次第に銘文に出てきます。昭・穆以後になりますと、廷礼が整う、礼楽が整う、政治組織、行政組織が整う。つまり、周の統治体制が内外ともに非常に備わった形で成立するという状況になってきます。

ところが、このようにたいへん礼制が整う時代になりますと、もはや新しい発展を求めて、旺盛に活動する力が失われてゆきます。どうしても内面的にまとめようとして、保守的になる。文字の形態そのものも、第一期の場合には「健爽」というような、雄々しく逞しく、伸びのびした筆使いであったものが、ここに至りますと、何か一つの形に固まって収まって整ってという、そういう志向をもつようになる。そうしてできあがった文字の形態を「緊湊体《きんそうたい》」と申します。緊は引き締まる。湊は中心に向かってまとまる。緊湊体ですね。最初の師遽段の銘文はまだ健爽から緊湊に移る、過渡的な形態という感じがします。健爽体のものは字の間隔もそんなに揃わず伸びのびと、他の領域をおかしてでも、威張って書いている。しかしこの期になりますと、行間が整う。縦も横も整う。それが更にこぢんまりしますと、〔資料5〕の二祀《にし》趩觶《よくし》のように行間も縦・横もだいたい整う、文字の大きさも整うという、こぢんまりと引き締まったような字形になります。

単なる文字とお考えになるかもしれませんが、文字もまた時代をあらわします。明治の時代には明治の文字があった。大正・昭和の時代には大正・昭和の字体があった。そして、今の文字にもいろいろの文字があります。法書の伝統を堅く守って、文雅の伝統を守るような書もありますし、私はこうですと、勝手な格好に書くような文字も、わが国ではなかなか盛んです。これは中国にはほとんどありません。私は中国の書法の雑誌をとって、その様子を注意して見ていますが、日本ほどわがまま放題の字を書くことはございません。だいたいが法書の形です。しかし新しい何かを求める傾向は乏しい。これはわが国の書、書道界の方がはるかに活発で勇ましく、いろいろ試みておられる。しかしそこから、いかなる新しい伝統が生まれるかが、問題です。そこから何の伝統も生まれなければ、立ち消えになってしまう。文化というものは伝統のなかで育ち、伝統のなかで歴史化される。歴史化されることによって、文化価値が加わる。そういうものでなくてはなりません。書は一代

【資料5】趩觶（『金文通釈』巻二・一一四、二〇〇四年、平凡社刊）

〔資料6〕鮮毀（『殷周金文集成』一六・一〇一六六、一九九六年、中華書局刊）

の文化を代表する、一つの象徴としての文化である。そういう視点が必要であると私は思う。

この西周三百年の書の動きを見ていますと、それは極めて的確に時代相を反映している。創成の時代には、創成の時代にふさわしい闊達な文字様式が行なわれている。それは、殷の時代の一種の神秘さをもった荘厳な様式から、人文の世界、人の文化の世界に入る。そういう闊達さをもって西周の第一期の文字が生まれている。第二期の文字になりますと萎縮したかと思うような字になっていますね。内面的には組織化され整っているかもしれませんが、同時に外に伸びる外発力というものが乏しくなってゆく。時代の動きというものは、必ずそういう両面性をもっている。内に整う場合には外には発展性を失うという、そういう傾向をもつのです。

次に『資料6』、昭王の名のみえる一器を、私の［金文通釈］第五巻によって紹介しておきます。昭王の名がみえ、穆王期のものです。

三十四祀鮮𣪘は、はじめ集成に著録のとき、盤と誤り傳えられていたが、英國のブリテン博物館より資料の提供を受け、𣪘であることが知られた。象文の圏足𣪘で、製作稍々雄厚を缺くも、周初の器制であることが知られる。その銘は次の如くである。

隹王卅又四祀、唯五月既望戊午、王在莽京、啻于卲王、鮮蔑暦、祼、王𩰫祼、玉三品・貝廿朋、對王休、用乍、子孫其永寶

隹れ王の三十又四祀、唯れ五月既望戊午、王、莽京に在り、昭王に禘す。鮮、蔑暦せられ、祼《くわん》す、王𩰫祼し、玉三品・貝二十朋（を賜ふ）、王の休《たまもの》に對へて、用て（この𣪘を）作る。子孫其れ永く寶とせよ。

蔑暦とは「暦《いさをし》を蔑《あらは》す」の意で、蔑はのち伐《べつ》を用い、伐は門閥の閥の初文。蔑暦は主として軍功を稱し、兩禾軍門の前で神に告げて旌表するものであるから暦といい、暦は功歴の意である。鮮はおそらく軍禮において功ありとされたものであろう。貝を賜うことは殷人の子孫に對して行なわれた。莽京はのちの鎬京で辟雍の

あるところ。祼の儀禮はその神都において行なわれたもので、祓禳の古儀であろうと思われる。

この鮮𣪘は、その器制・銘文・文字の字様から考えて、必ず穆王期に屬すべきものであるに拘わらず、器の日辰は穆王の曆譜に合わず、しかも初期の王位にして三十數年に及ぶものは他に想定しがたい。その既望はあるいは既生霸の誤りではないかと思う。他の穆王器と考えられるものがみなその譜に合することから、この器をとりあえずこの期に屬しておくのである。

昭・穆ののち、共王期は十七年、その繫年器は以下の四器です。

前九六六㉕　二祀呉方彝　二祀二月初吉丁亥㉔（第一日）
前九六一(56)　七年趞曹鼎一　七年十月既生霸
前九五三㊴　十五年趞曹鼎二　十五年五月既生霸壬午⑲（第十三日）

〔資料7〕に呉方彝の例をあげておきました。これもまたたいへん字画が揃うております。縦横きちんと揃っていてまことに行儀がよい。そして、太い細いがなくなる。太いのは肥《ひ》・細いのは瘠《せき》、肥瘠といいますが、文字の肥瘠が失われる。肥瘠が失われるということは、力の表現の上で、その表現の方法を失うことになります。もっと極端に失うと篆書《てんしょ》の体になる。あの印判に用いる字形です。しかし、篆書の字形になるのは後期になってからです。この時代にはまだ完全に篆書とはいかない。しかし肥瘠を失って、たいへん平板な字になってきているといえるかと思います。

次に懿王・孝王と続きますが、この時代になりますと、だいぶ紀年銘がふえてきます。それで断代年譜のとり方がいくらかとりやすくなる。いくつかの暦譜の例を試みて、それを連ねて柱を建てます。これらの橋脚を連ねて一つのセットができると、またこのセットをいくつか組みあわせ、全体の年譜構成の見通しがたつわけです。初めから見通しをたてることはなかなか難しいから、断代のとり方としましては、時代の新しい方から攻めるのです。橋脚をいくつか建てて、それに橋梁を渡して距離をだい

【資料7】呉方彝（『金文通釈』巻二・一〇五、二〇〇四年、平凡社刊）

隹二月初吉丁亥、王才周成大室、旦、王各廟、宰朏右乍冊呉入門、立中廷北鄉、王乎史戊、冊令呉、嗣旃眔叔金、易𩰫鬯一卣・玄衮衣・赤舄・金車・桒冟・朱虢𩏑・虎冟熏裏・桒較・畫轉・金甬・馬四匹・攸勒

呉拜䭫首、敢對𫦕王休、用乍青尹寶䵼彝、呉其世子孫、永寶用、隹王二祀

共元	967	㉛
2	966	㉕
3	965	⑲
4	964	㊸
5	963	㊲
6	962	㉜
7	961	㊱
8	960	㊿
9	959	⑮
10	958	⑨
11	957	③
12	956	㉗
13	955	㉑
14	954	⑮
15	953	㊴
16	952	㉞
17	951	㉘

たい定めて、何王はだいたいこの範囲というふうにする。それをだいたい十三回続けて、西周の断代編年譜というものができる。私が最近出しました「金文通釈」の第五巻では、一番最後にこの断代年譜、年代が判明している八十五器全部を含めたものを試みたのです。これは中国にもまだ成功した人はありません。いろいろやっておられる方はありますが、そのなかにその矛盾点をいくらも指摘することができる。まだ完成に近いというものはない。私のものはだいたい完成に近いであろう。若干適合しないのがありますが、これは明らかにその鋳込まれておる銘文にあやまりがある、誤鋳であろうと考えられるものがある。たとえば、近出の四十二年逨鼎《らいてい》・四十三年逨鼎のように、二つ並んでいる器物の干支番号が接続しないというような場合ですね。こういうのが二、三例あります。また閏年がありますと、干支番号がプラス一になる。閏の月は大の月で数える。三十で数えますから、一年後はプラス三十一になってしまう。そんなことで、プラス一、マイナス一の誤差が出てくる場合がある。しかも閏の年がいつ入っているかわからないのです。おそらくその当時の暦官と称する、暦を司る人

が、今年の何月に閏を入れると季節と合致するというように判断して、その年に決めるわけで、予め決めるわけではありません。したがって置閏の年は、これは今からは考えようもありません。だからこれが入るとプラス一になる。はずれるとマイナス一になる、ということがあり得る。私のこの暦譜の計算式にプラス一、マイナス一と書いたところがありますが、これは閏の月を入れるか入れないか、どこに入れるか、何月に入れるか。殷の時代には年末に入れることが決まっていました。だから殷の暦には十三月がある。場合によっては十四月がある。ところが周の暦になりますと、年中置閏、一年の途中に入れる。どこに入るかわかりませんから、こういう計算をやりますとき、プラス・マイナス一の誤差が出る。私のこの計算をご覧になり、また私の書物をご覧いただきまして、プラス一、マイナス一という注が下についている場合がありますが、これはだいたい予想された誤差のうちであると考えていただければよろしいと思います。

今日の資料を一つ一つ充分にご説明することはできませんでしたが、もう少し時間をいただきまして、〔資料8〕として曶鼎《こってい》の銘文をご説明いたします。

第二期の終わりころになりますと、礼楽制度が定まって一つの時代的な秩序というものが完成の域に達します。そうしますと、必ずまた反転して、マイナス面が出てくる。その場合、どのようなマイナス面が出てくるかといいますと、これは大土地所有的な生産の形態が進み、土地の問題が出てくる。生産上の条件の争いが出てくる。大土地所有的な経済の状態に移りまして、西周の盛りの時代を過ぎてこれから反転する。乱れる時代に入ってゆく。そのときいろいろな現象が出てきます。曶鼎の銘文の下半(後から八行目より)のところを読みましょう。

昔、饉《う》ゑし歳に、匡《きやう》の衆、厥《そ》の臣廿夫、曶《こつ》の禾《くわ》十秭《し》を寇《こう》せり。匡季《きやうき》を以て東宮に告ぐ。東宮迺《すなは》ち曰く、乃《なんぢ》の人を賕《きう》せよ。乃《も》し贖《しよく》せざれば、女《なんぢ》匡の罰大なりと。匡迺《すなは》ち曶に稽首するに五田を用てし、衆一夫を用てす。益と曰ふ。臣を用てす。疐《ち》と曰ひ、朏《ひ》と曰ひ、鄭《てい》と曰ふ。曰く、玆《こ》の四夫を用て稽首すと。曰く、余《われ》、俱に寇するところ無し。……(一句不明)

曶或《また》匡季を以て東宮に告ぐ。曶曰く、必ず唯《こ》れ朕が□を償せよと。東宮迺《すなは》ち曰く、曶に禾十秭を償し、十秭を遺《くは》へ、二十秭と爲せ。乃《も》し來歳償せずんば、則ち四十秭を付《あた》へよと。迺《すなは》ち或《また》曶に卽《あた》ふるに田二、又臣〔一夫〕を用てせり。凡そ曶に卽《あた》ふるに田七田、人五夫を用てす。曶、匡の三十秭を覓《もと》めたり。

これは匡の部下の者が、曶の田畑の耕作物の略奪をやった。十秭《し》というのはどの程度の作物であるのかわかりませんが、これは相当大規模な侵奪、略奪の行為であったとみえます。それで匡季、これはおそらく裁判官で、この裁判官に告訴をした。東宮はその裁判の長官で、判決を下しています。その寇禾の下手人を拘束して罰せよ。もし罰を加えなければ、その主人である匡にもっと大きな罪を与えるという。五田というのは、一人の農夫で耕作する範囲が一田。この時代、大土地所有になっていますの

王朝も三百年、日本の政権も三百年単位で繰り返しているんですね。これは明らかに一つの歴史的な事実であったと言わなければならない。この秩序の乱れたのが、実に現在の状態である。時代に起承転結があるとしますと、だいたいこの三百年の時代は、みな起承転結の形をもって推移している。しかしいまの時代には、この起承転結がない。そもそも起の置き場所がなかった。降服をして、敗戦国として何でも押しつけられて、漢字は駄目だ、そうですかと言うて、千数百年あった文字の体系を全部ぶちこわして、わずか千八百五十字ぐらいにして、しかもその音訓を制限して、自分の名前もまともに承認されないというような、こんなばかな文字体系を押しつけられて、すでに六十年であります。いつまでこんなことをやっておるのか。起承転結の起が出てこないのですね。もう六十年も経ちましたならば、ここで一応ご破算にして、起承転結の起の踏み出しを行なわねばならん。それには私は文字文化の改革が欠かせない条件であると、そのように考えてこの文字講話を始めたわけです。

たいへん大きな話ばかり申しました。時間が少し超過いたしましたけれども、本日は特に多数の方がお出でいただきまして、私も些か志のあるところを申しあげようと思って、ちょっと余計なことを申しあげたわけですが、これで本日のお話を終わります。ご清聴ありがとうございました。

第四話

金文について Ⅲ

西周三百年は、文・武・成・康を創業の時代、昭・穆・共・懿・孝を礼楽制度の時代、夷・厲以降をその繁栄と衰亡の時代であったということができよう。夷王即位のときには堂下の礼を執ったといわれ、すでに権臣跋扈の形勢が現われている。それで以下の金文には土地の係争問題や、僭主私臣の出現を想わせる類の銘文がある。

このような各時期の形勢を把握するためには、銘文の断代編年の作業を前提とするが、共和以降の暦年は、共和十四年、宣王四十六年、幽王元年の七月朔日辛卯の日食によって、起算の日も確定することができる。各王の暦譜の日辰はそこより起算したが、置閏のときが不確定であり、連大の事実も把握しがたいので、計算上一両日の誤差を生ずることは避けがたい。ただ同一王譜中の数例によって計算上の支柱が構成される場合、一定期間内の銘文をその暦譜中に譜入することができる。たとえば厲王期において

厲2　前八七七　元旦朔⑱　鄦段　二年正月初吉丁亥㉔（初吉第七日）
厲19　前八六〇　元旦朔㊵　趩鼎　十九年四月既望辛卯㉘（既望第五日）
厲33　前八四六　元旦朔㊽　晋侯蘇編鐘　卌三年正月既生霸戊午55（既生霸第一日）

などの例によって、ほぼ予定された暦譜の上限、下限に近い暦朔の例がえられ、一応遊移しがたいものであることが確かめられる。歴代の暦譜もおおむねこのような手続きによって、ほぼその暦譜構成を定めることが可能であり、厲・夷より逆算して武・成に達することができる。もとよりこれは、推算上の可能性の一つを検証したものであり、周暦の全体の年数は、各王譜の接続点をどこに求めるかによって増減の可能性があることはいうまでもない。

三期を通じて、それぞれの時期の最も注意すべきものを求めると、武王の克殷のことを記す利段は、殷周革命の年次を決する意味において、極めて重要である。初期の器としては康王二十三年の大盂鼎（二九一字）は、革命の理念である天の思想を明示するものであった。中期の

懿王元年の曶鼎（四〇四字）は土地所有と寇禾事件を記し、旧殷周部族の対立の状況を示している。おそらく夷王期と考えられる大克鼎（二九〇字）は、世族勢力の強大化を、そしておそらく宣王即位、改元前の器と考えられる毛公鼎（四九九字）は、周室の懿親によって中興の業がはじめられ、近出の四十二年逨鼎（二八三字）・四十三年逨鼎（三一九字）・逨盤（三七三字）などは、いわゆる宣王中興の業を伝えるものであろう。これらは何れもそれぞれの時期を代表する鴻文であり、その時代を歴史のなかにとどめる資料として、社会史的・政治史的にも重要な資料をなすものである。このようなそれぞれの時代の証迹を後代に残すということが、その時代の文化を荷う者の重要な任務であろうと思う。

白川でございます。今日は天気予報では天気のほどもどうかと案じておりましたが、しばらく持ちこたえてくれまして、幸いに非常にたくさんの方にお越しいただきまして、たいへんうれしく存じております。

文字講話を始めてからちょうど六年半になります。私が八十八歳のときに、二十回五箇年の文字講話の構想を研究所でお話しましたときに、皆さんから大丈夫かということでございましたけれども、幸いに二十回を無事に終えました。なお余力がありそうだというので、会員の方から動議を出されまして、もう一年継続せよということでございまして、私もちょっと年をとっておりましたから、神様にご相談をして、もう一年ということでお許しを得まして、今日がその最後でございます。

この「続文字講話」一年四回のテーマとしまして、私は「甲骨文と金文」という主題を出しました。「甲骨文について」では、殷王朝のことをお話したい。「金文について」では、西周三百年の歴史をお話したいという予定をいたしました。第一回は「甲骨文について」、殷王朝、神聖王朝としての殷王朝のお話をいたしました。それからあと二回「金文について」、西周期に入りまして、草創期における初期の金文、中期の礼楽制度の備わった時代の金文。そして今日は後期の西周の社会が、大土地所有的にも非常に発展をし、非常な盛運を示すとともに、内部矛盾が増大してついに滅びるという、その最後の段階についてお話をするつもりでいたのです。しかし本日は、随分たくさん新たにおいでになりました方もございますので、この「続文字講話」前三回の分の概括をお話しながら、本日の主題に入るというふうにいたしたいと思います。

「甲骨文について」と題しましては、だいたい殷王朝のお話をしたのですが、古代王朝の条件として、まず天地創造以来の神話をもつこと、その神話の展開のなかに、自らの王統譜を位置づけること、これが二つの大きな条件です。これは古代の神聖王朝の要件であるといってよろしい。したがって、夏《か》の王朝はその神話体系を伝えておりませんし、周の王朝は単なる先祖の説話しか残っておりません。神話としての天地創造の時代から王朝の成立にいたる、そういう壮大な世界を神話化したものはもっていません。それをもっているのは殷王朝だけです。そしてアジアにおいては、おそらくそれに匹敵するほどの規模の神話と王統譜をもつものは、わが国だけです。つまりわが国の神話、古代王朝というものは、神聖王朝としての殷の国家とたいへんよく似ているのです。いろいろの点において共通するところが多い。ただ非常に違うところは、文字をもつか、もたないかということです。文字をもつということは、これは実は容易ならんことであって、世界の各地で文字がそんなにたくさん、いっぺんに出てくるものではありません。西方の世界では、まずエジプトのヒエログリフが生まれます。そして派生的に、オリエントのいろんな文字が生まれる。あの地には少数民族がたくさんおりますから、派生的にたくさんの文字の体系が生まれてきます。起源的にはエジプトのヒエログリフが、一番最初であります。

中国では甲骨文字というものがある。日本には文字はなかった。文字があるということと、ないということの間には、非常に大きな落差がある。それは歴史的に確実に記録にとどめるというだけでなくて、文字が本来は神と交通する手段であったということから、そういう神聖王朝の内部構造が全然かわってくるわけです。絶対に神聖な、神権的な国家であるという自覚が、そういうことを通じて生まれてくる。わが国においては、だいたい殷王朝と同じような成立をもつにかかわらず、いわゆる王統譜というものがそれほど神聖化されていないのです。これは「古事記」をご覧になるとよくわかります。「古事記」の神代の巻は、神話の世界でございますから、だいたい神話的な世界が非常に豊かに描写されている。しかし人王の時代に入りますと、その記事はまことに粗略といいますか、いい加減なものであって、特に雄略天皇の時代は、時代的な性格から、また歴史的ないろんな条件から考えまして、わが国の大和朝廷が確立された時代であるはずなのです。関東の方からも九州の方からもワカタケルノミコト、つまり雄略天皇の名前をつけた鉄剣の銘が出てきている。だからこのとき、東西にわたって全国統一ができているはずなんですね。しかし「古事記」のなかの雄略記をお読みになりましたら、おそらくびっくりされるだろうと思います。まことにあどけない、幼い天皇の姿が書かれている。猪《しし》を射ぞこなって、たけり狂った猪が向かってきて、おそれた天皇が榛《はん》の木の上に逃げて登ったというようなことが、記録されているのです。歴史的な事実と考えられる客観的な時代的な様相と、「古事記」の記すところの内容とは、懸絶しているんですね。これは私は、わが国に文字がなかったということから、そのように歴史的な段階に対応するだけの記録が、とどめられなかったのであろうというふうに考えております。

しかし神聖王朝としての性格そのものは、大和朝廷と殷の王朝とは、たいへん似ているのです。ただ大和朝廷で、天皇が自ら神と宣言したのは天智・天武天皇に至ってからで、これは万葉の初期ですね。あの時代になって「王《おほきみ》は神にしあれば」というふうに、天皇が神であるということが、歌の上にも歌われるようになった。それ以前にはそういう表現は出てこないのです。つまり神聖王朝としての、いわば自覚はなかったということです。

そのような歴史意識というものが、明確に構築されないというのは、文字をもたなかったことの結果です。だから大和朝廷と殷王朝とは、古代的な神聖国家として壮大な神話体系をもち、王統譜をその継続の上におくという点において、基本的に同じであるにかかわらず、到達した段階がはるかに違うというわけです。

殷王朝の最後の王は紂《ちゅう》王ですが、最も暴虐な君主であって、そのために国を滅ぼしたということになっています。しかし甲骨文にみえる殷の紂王は、東のかた沿海の諸民族の反乱を討つために、しばしば遠征を行ない、まことに勇武な王者であったと思われる。甲骨文によると、帝辛十年九月〜十一年七月に第一次の遠征、十五年に第二次の遠征が記録されています。またその時代に残されている甲骨文・金文などを見ましても、文字もしっかりしていますし、文化的にたいへん充実した時代であったと私は考えております。ただその紂王が、東の方の沿海民族の反乱、東夷の反乱を討つために、大軍を率いて東方に赴いているその隙に、後方から忽然として周族に襲われた。周が周辺の少数民族を糾合して、その背後を襲い、そのため殷王朝も滅びてしまう。最後の王であった紂王は、神聖王朝の最後の王であるのにふさわしく、宝玉の衣を身にまとうて、鹿台にのぼり、燃えさかる火のなかに自らを投じて自焚したといわれています。まことに神聖王朝の最後にふさわしいというような、王の最期であったと私は思う。

ところで、周という国はどういう国であったのか。これは歴史的にいろいろ調べてみましても、その基くところがよくわからないのです。［史記］には周本紀などに書いてありますが、きわめて伝説的なことがら、またきわめて骨筋だけのことしか書いてありません。それで周王朝の史実は、金文によって考える以外にないのですね。ところがこの、よく出自もわからないような眇たる西方の、おそらく騎馬民族のような少数民族であったかと思いますが、殷の時代には周侯という大名扱いは一応うけているのです。しかしこれは化外の民であったはずである。陝西省の、おそらく西の方にいた少数民族であったと思うのです。ところがその周が殷を滅ぼすほどの勢力をもつことができた。これはどこかにその秘密を解く鍵があるに違いない。私はこれは、おそらく周が文字をもつことによって、彼らの意識形態を高め、また少数民族に対する支配を強めたのではないか。あの時代に殷以外に文字を学んだのは周だけです。甲骨文の時代、すでに周は周原という、あの渭水の北側の平原地帯・丘陵地帯を周原とよびますが、そのあたりから甲骨文が出てくる。周族が貞卜に用いた文字であります。その文字は殷と同じものです。ただその文字は非常に小さくて、拡大鏡で見なければ、その文字を確かめることができないというほどの、小さな小さな、しかも浅い彫りです。それでなかなか拓もとりにくいのですが、ともかくも彼らが文字を所有していたという事実は疑いない。そして彼らが文字をもつことによって、たぶん周辺民族に対するいろいろな支配の力を獲得したであろう。眇たる西方の諸民族のなかで、周が主導権をもって、当時神の子孫であると称する殷王朝を倒すことができるというようなことは、何か特別のことがなくては考えがたいことであります。私はこれは周が文字をもったからであると考えます。それによって、おそらく更に西方の少数民族に対する支配権を彼らはもったであろう。文字というものは、古代においてはまことに神聖なものであった。文字をもつということは、非常に大きな精神的な力を意味したので

棄

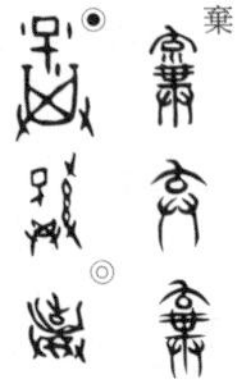

す。

それは今日においても同じだと思う。文字に対する充分な知識をもち、言葉に対する正確な使い方、また言葉の意味内容を厳密に規定するという概念化の力、そういうものがあってこそ思想はすすむ。思索は綿密に行なわれる。それが軽視されるというような時代においては、すべてのことが粗雑になってしまうのです。我々は思索を通じ言葉を通じてものを考える、ものを建設してゆくわけですから、その大本が狂えば万事が狂うてしまうことになる。それで殷周革命のいわばかくされたる理由として、周が文字を獲得したことによって、周辺の諸民族に対する優越的な地位を獲得した。その結果おそらく眇たる西方の少数民族にすぎなかったと思われる周が、殷を滅ぼすことができたのであろう、私はこういうふうに考えるのであります。

ところが殷が滅びまして、周が天下をとりますときに、広大な天下を支配するためには一つの理念的な、中心になる考え方がなくてはならない。殷の王朝の時代には、彼らは自らが神の子孫、帝の子孫であると称した。帝というのは、天上にいる人格神です。その子孫である、現実にその血統を存する帝王の譜をもつ子孫であるということが、殷王朝の一つの基盤になっていた。しかし周は殷を滅ぼしますと、自ら神の子と称することはできないのです。周の先祖の説話としましては、棄という名の、これは子どもを棄てるという字です。畚《ふご》に子どもを入れて、長い棒で川のまん中まで押し流す、これが棄という字です。周の先祖の名前は、この棄です。だいたい古い時代には、最初の子どもは一度棄てるという習俗があった。血統もよくわからないということもありますが、神のおぼしめしをためすという意味でも、一応棄てる。周ではこの棄が生まれたとき、路地に棄てた。ところが牛や馬が通るとき避けて通った。氷の上に棄てると、鳥がとんできて翼であたためた。森のなかに棄てると、樵《きこり》に見つけられ救われたというように、いろいろな奇瑞が重なった。だからこれは神のおぼしめしを享《う》けた子どもであるというので、育てられることになったという説話がある。他には神話は一つもないのです。周の古代の伝承として伝えられているのは、棄の説話だけです。これは［史記］の周本紀にそういうことが書かれている。棄という名前からも、たぶんそういう説話があったであろうと考えられます。

つまり周は神聖国家ではないのです。殷の場合には、その系譜は帝の直系であると称した。ところが周は、帝の直系であるとはいえないのですね。自らの伝承のうちに、それを証明するものはありません。ただ一つの説話として、先祖がこのような奇瑞を示したということが残っているだけなのです。それで周はもはや帝の子孫であるとはいえない。神話のなかに自らの王統譜を位置づけるということはできないのです。それでどのようにしたかといいますと、殷では帝はいわば人格神的な観念であり、神として天にあるところのものが、下界を支配する徳をもっていて、その子孫たる王が、帝の意思を受けて下界にまつりごとを行なうという神聖形態であった。周は帝の子孫であると称する殷を滅ぼして、それに代ったのであるけれども、自らはそれに代る神

天

徳（德）

省

話をもっていませんので、その王朝としての理念の基を考える必要がある。天の神というものは、一つの王朝の先祖というような形で存在するものではなく、もっと一般的で普遍的な、抽象的なものとして存在する。それは上天にあるものであるから天である。天の古い字は、上の方が黒くぬってありまして、頭を意味します。頭上のことを巓《てん》といいますね。一番上にあるものという意味で、天空にあるものを天というのです。しかし天というのは、単に物理的に上に青く見える空というようなものではなく、そこには万能の、あらゆるものを支配する理念的な、ある根源のものがあるに違いない。そういうものが人間の世界、下界のすべての秩序を基礎づけ支配する、そういう力をもつものであるに違いない。この「天」を、殷王朝が帝を最高の神として信じたのと同じように、理念的なものとして、あらゆる現実の世界、徳性の根源にあるものとして、思想的に組織するということをいたしました。これがいわゆる「天の思想」であります。

　この前（第二回）お話しました周のはじめごろの大盂鼎という金文には、文王が「天の有する大命を受《さず》けられたまひ」というように、天の有する大命を、文王が受けた。武王は文王を嗣いでその徳を認められ国を作った。天の命に対応するものは人の徳性である。徳という字も、非常に古い用法では、目の力、その呪力をいう字であった。上に眉をかき大きな目をかきます。これは省という字に相当する。省は「かえりみる」ですが、支配するために地方を見て歩く。巡視するのです。その力が内面的に、

明（朙）

心の中に徳性としてあるというので、これを字にすると徳になる。巡行しながらその徳を発揮するので彳《てき》をつけて、道徳の徳になるのです。つまり天の思想は、人の徳として発揮されるということです。だから周の時代には、青銅器の銘文に重要なことを書くときに、国の始めのことを「文武受命」といいます。文王は最初の王様。武王の「武」は戈をもって進むという字です。戈をもって前進する、これが歩武堂々という武です。だから武は本来は、軍事パレードなどで軍人が歩くようなあのガッガッとした歩き方、だいたいあれに相当するのです。

この文武二代が受命の時代、周の建国の時代であるとされていますので、周初の大盂鼎、これは周の初期の銘文としては一番長い文章ですが、このなかにその時代の、いわば周王朝の思想的な背景というようなものが、かなりはっきりとあらわれています。文武二王が天の命を受けて国をひらき、蒙昧なる民を教化したというようなことが書いてある。この「文武受命」ということが、周王朝における、いわば肇国《ちようこく》の理念になっています。第二回のときに、文武受命の時期の初期の金文についてお話しましたが、このとき周公も活躍しています。孔子が「甚だしい矣《かな》、吾が衰へたること。久しい矣《かな》、吾れ復た夢に周公を見ず」（『論語』述而）といった、あの周公が活躍している。周公親子が特別の聖職者として、明保というような名前で出てきます。明というのは神様に接するところ、明の左側は窓です。日月を並べ掲げるなどといいますが、そうではない。古い時代の華北の建物はほとんど地下か半地下です。大地のまん中を

受

掘り下げて、その四方へ横穴を掘って、そこで住むのです。それでこの中央から光が入る。そこに窓を作っておきますと、月あかりが入り、これが外界の光をうける唯一の場所となります。それを明という。その窓口に神様を祀ったりしますので、そこを明堂といいます。そういうふうにして、文武の受命が肇国の理念となって、周が滅びるまでその言葉が出てきます。周の金文の特に重要な国運に関する、また社会の命運に関するというような銘文のときには、必ず「文武の命を受けしとき」という言葉が出てきます。

この受というのは舟の形です。舟のような入れもの（盤）を上方と下方から手でもっている形。上の方からもつときは授ける、下の方からいただくときには受けるです。のちにはこれに手扁をつけて授と受を区別していますが、古い時代にはこれだけで両方の意味に使う。文武受命というときこの受を使いますが、これは周の滅びる最後の最後まで使われ、周の肇国の理念がここにあったことを示しています。

一国の命運が問われるとき、必ずその回帰するところの原点というものがある。これは非常に大事なことです。国の歴史を綴っていく場合、いろんなことがあろうかと思うのですが、そういうときに必ず帰るべき原点をもつということ、たとえば明治ならば、維新というのが一つの時代の理念になっている。「維新の精神」によって、明治の時代にはあのように充実した、立派な時代を、その歴史を築くことができた。国家の運命を左右するものは、私はそのような建国の理念、あるいは時代精神の帰属すべき原点というようなものを、もつかもたぬかということにあると思う。戦後六十年のこの悲しむべき現実は、そのような意味での原点をもたぬがゆえではないかと思うのです。

手近なところでは明治維新の例をとることができる。また遠く歴史の上にその範例を求むるならば、これは西周の時代であろうと思う。西周三百年のうちにはいろいろ時代的な起伏があった。その起伏をのりこえて三百年の命脈を保つことができ、最後にいたるまでかなり立派な歴史的な遺産を残すことができた。たとえば今日お話しようと思っているのですが、毛公鼎というたいへん立派な器物がある。それには五百字近い銘文がある。おそらく西周期の一番長い銘文であろうかと思います。台湾の故宮博物院にありますが、私は親しく地下室に出していただいて、その器を鑑賞することができました。たいへん立派なものです。それはおそらく西周がもはや衰運になって、共和の時代、王室が一時親政を解いて、厲王は彘《てい》に亡命してしまい、約十数年の間、臣下の者が交替で国を治めたという共和の時代がございます。その共和の最後の時代に、宣王が位に即くとき、多分この毛公鼎は作られたのであろう。この銘文には紀年が入っていません。「隹《こ》れ王の元年……」という紀年が入っていない。しかも非常に重要な内容が書かれている。こんなに重要な内容を記した銘文に、なぜ紀年がないのか。たいへん不思議です。しかも青銅器のなかには、そういう形式のものがいくつかあるのです。毛公鼎の内容からみて、これは共和の終り、宣王が位に復帰するとき、宣王はまだ幼年であったのですが、共和の時代をすぎておそらく青年に達するほどの年齢になった。そのとき、毛公は周の一族の人ですが、その人に国家の大事をもって託するという、今でいう詔勅ですが、その文章を書いたものなのです。王は位には即いているのですが、まだいわゆる改元をしていないのですね。わが国では、たとえば大正天皇が年末近いころに亡くなられた。残りの日はあまりないけれども、すぐに改元する。その年に改元をします。しかし周では、年を越えてから改元します。すると前年の一月に王が亡くなった場合、あとの十一箇月間は新しい王が改元をすることをしないのです。新しい王様は位には即くけれども、改元はしないから、「隹れ王の元年」とはいえないのです。年号の書きようがない。それで年号を書かないものができる。この年号を書かない長文の、しかもたいへん重要な銘文がいくつかあるのですが、私はこの問題は、改元の時期が当年改元か越年改元かということによって、考えることができるのではないかと思います。毛公鼎のように、国家の命運を託するというような重要な詔勅に、年号が入っていないということは、普通ならば考えがたいことですが、いわゆる越年改元で、年を越えるまで改元しないならば、書きようがないわけであります。前の王様は亡くなってしまっているわけですから、その年号を使うことはできない。そこで毛公鼎のような重要なものにも、改元ということを書き記すことができない。年号の記しようがないので、年号を書かないということになったのではないかと思う。

西周の三百年の歴史というものを考えてみますと、周初には先にいいました周公・召公、これはいわゆる聖職者、神に仕える人です。そういう人が、国をつくるときにはたいへん重要な役割をはたす。わが国でいいますならば、古い王朝ができますときに、物部《もののべ》・中臣《なかとみ》などがたいへん重要な役割をはたした。物部の「物」は宗教的な対象になるような霊的な世界というようなもので、それを扱いますからこれは聖職者である。中臣は神と人とを仲介する者です。これらが王朝をはじめてつくるときに、そのことを助けている。単なる政治的な力、あるいは武力というようなもので、新しい王朝ができるのではなくて、神の協力がなくては新しい王朝はできないのです。殷の王朝ができるときには、伊川《いせん》という洛陽近くを流れる川がある。その伊川の神を司る「伊」を称号とする聖職者がいた。伊尹《いいん》という。これは世代ごとに受け継ぐという聖職者の家筋です。殷が夏《か》を滅ぼして殷王朝をつくるとき、この伊尹がこれを助けたということが『尚書』のなかに記されているのです。新しい王朝ができるときには、そういう聖職者が参加するのでなければ、神聖王朝としての王朝を建設することはできない。それで周の王朝ができるときには、周公・召公がこれを助けた。周公は周の家筋の人ですが、召公はその祖先や一族の称号の上からみて、殷系統に近い名族だと思います。同族だけの聖職者では、神聖王朝をつくることはできない。他の聖職者がこれに参加するという形式が必要であった。だから周初の記述に召公のことが非常にたくさん出ていて、周召二公の協力によって周の王朝は生まれた。

これはのちの［詩経］に周南・召南というのがあって、召という一族のことが随分出てまいります。また金文にも出てきます。そういう文献的な関係の上からも、問題はたくさんあるのですが、ただ私が非常に不思議に思いますのは、周の三百年の金文のなかで、周公が出てくるのはその創業の時代だけなのです。それからのち周公の名前は出てこない。随分たくさん器物があり、重要な内容のものもある。しかし周公の名前が出てくるのは初期の二、三の器であって、のちにはない。孔子によれば、周の文化は周公が作ったということになっているのです。孔子はご承知のように、周の文化をたいへん大事にした。周の文化というものは、「周は二代に監《かんが》みて郁郁乎《いくいくこ》として文なる哉《かな》」（［論語］八佾）という。年老いてから「甚しい矣《かな》、吾が衰へたること。久しい矣《かな》、吾れ復た夢に周公を見ず」（［論語］述而）というようなことをいう。孔子は若いころ、常に周公を夢に見ていたらしいのですね。ところが先ほどいいましたように、周公の名前は金文にほとんど出てこないのです。孔子はいったい何を見て周公を知ったのであろうか。私にはこれは長いあいだ疑問であった。［詩経］のなかには周南と召南があって、周南の詩は周公の徳を伝えるものであるということになっていますが、それならば召公も同じように尊敬を受けてもいいはずですね。ところが周公だけが、孔子によって周の文化の創始者として尊敬を受けている。周の文化を非常に高いものとして、古代の中国の文化を総括したものだとして、孔子はたたえているのです。その文化の創造者は周公であるといっているにかかわらず、中期以後の金文には周公の名前がまるで出てこない。金文資料と「論語」などにみえる周の文化継承の仕方に、かなりギャップがある。矛盾したところがある。しかしこれは必ずしも事実の上に矛盾があるのではなくて、伝承の上において、問題があるのではないかと私は思います。

だいたい孔子という人は、若いときには葬儀屋の真似ばかりしていたといわれるように、もと祭祀関係の仕事に携わっていた、そういう人であろうと私は思う。孔子についてはまことに疑問が多いのです。孔子の字《あざな》は仲尼《ちゅうじ》といいます。父親は叔梁紇《しゅくりょうこつ》という人であったといわれています。孔子はしかし父の墓のあり場所を知らなかった、母の墓だけ知っていたとか「礼記」（檀弓上）には書いてある。母はおそらく尼山に仕えていた巫女であったと思う。だから仮りに父が叔梁紇であったとしても、尼山の巫女に通じて、神におねがいをして子を求めるというのは、一つの儀礼的な方法です。孔子はたぶん尼山の巫女によって生まれた。それで孔子の名は丘、字は仲尼といいます。名前に伯仲叔季という順番をつけるのは、本来は周の命名の方法です。孔子は自ら殷人なりといっていますが、これは少し問題があるということです。尼山に仕えている巫女に託して生まれた子である。丘は山上に少し凹みがある形です。それで孔子の肖像は、頭の中央がへこんでいて、実に妙な形に描かれています。また甚だいかつい顔に描かれていますが、それは名前から想像した顔容であろうと思います。孔子がなぜ周公を尊敬し、周公を夢みて、周公のなしたところを実現したいと思ったのか。

もし自分がまつりごとをする機会があれば、東周（春秋の時代）を実現したいともいう。どうしてそれほどに周公を尊敬したのか。しかもその周公は、金文にあまり出てこない。その理由は何か。それは周公が聖職者であった。祭祀関係の、特定の社会の人であったということです。孔子もまたそのような、祭祀関係の、特定の社会に生きた人であった。その両者の位置を考えると、そこに接点があるわけです。政治的な場合と祭祀的な葬礼など儀式の関係は、一般の社会と異なるのです。周公が権威を保っていたのは、おそらく祭政的な儀式関係で、その伝承のなかで周公は絶対の存在であった。しかし政治的な現実の社会においては、「文武受命」ということが絶対的な肇《ちょう》国《こく》の理念であった。

以上が今まで三回分のだいたいの総括ということで、これから今回の本題に入ります。

今日は西周のいわゆる後期、夷王からのちの時代の主な金文についてお話をしながら、西周の歴史のもつ意味、三百年にわたる周王朝の歴史としての意味を、考えてみたいと思います。夷王・厲王・共和・宣王・幽王、それぞれの時代の主な金文をご紹介するつもりでしたが、総括に時間を費しましたので、だいたい要点だけをお話していきます。

〔資料1〕に夷王の譜とその紀年銘器をあげておきました。夷王の次が厲王で、厲王の次が共和・宣王・幽王と続く。だいたい厲王の時代は三十七年の在位であろうということが、おぼろげにわかるのですが、夷王以前になりますと、在位年数は全くわかりません。だから短くみる人はわずかに三年、私は随分長い方で三十九年と考える。董作賓《とうさくひん》先生はもっと長くて四十六年としている。研究者によって全く一致していないのです。三年から四十六年までのひらきがある。その間にいろんな説が入る。この在位年数をどのようにして決めるかといいますと、だいたい銘文の内容によりまして、前後関係のわかるような器物を集めます。それらの親縁関係、銘文の内容において関連するものを、またその前後に配列して並べてみる。だいたいその時代における人名、たとえば廷礼、冊命などの儀式の参加者、銘文中の人名などの共通するものを集めて、その前後関係を考える。紀年日辰のあるものは、その年を特定して前後に配列する。それを夷王の譜とする。

私は夷王の元年は紀元前九一七年、その干支番号は㊵と考えています。二年目はだいたい五つ干支の数が減少する。この時代の暦は大の月が六、小の月が六、合計一年三百五十五日です。これをくり返しますので、一年三百六十五日より随分足りませんね。それで十九年のうちに、季節がちょうど調節できるころに七度《たび》閏月をはめこみます。だから閏の月がどこに入っているかはわからないのです。記録がない限りわからないのです。しかしともかくも、十九年七閏《じゅん》であることはまちがいありません。それを頭に入れて計算する。［詩］の小雅十月之交に「十月の交、朔月辛卯、日之を食する有り」と日食のことが載っています。この日食は天文学的な計算からしますと、

【資料1】夷王譜とその紀年銘器（『金文通釈』巻五・四〇六—四〇八頁、二〇〇五年、平凡社刊）

夷元	917	㊵	21	897	⑮
2	916	㉟	22	896	㊴
3	915	(59)	23	895	㉝
4	914	(54)	24	894	㉗
5	913	㊽	25	893	(51)
6	912	⑫	26	892	㊺
7	911	⑥	27	891	⑨
8	910	㉙	28	890	④
9	909	㉔	29	889	(58)
10	908	⑱	30	888	㉒
11	907	㊷	31	887	⑰
12	906	㊲	32	886	⑪
13	905	㉛	33	885	㉟
14	904	(55)	34	884	㉙
15	903	㊾	35	883	(53)
16	902	⑬	36	882	㊼
17	901	⑦	37	881	㊷
18	900	②	38	880	⑥
19	899	㉖	39	879	(60)
20	898	⑳			

前九一七㊵　元年師詢𣪘　元年二月既望庚寅㉗（第十八日）
　　元年師𩖥𣪘　元年九月既望丁亥㉔（第十九日）
前九一五(59)　三年裘衛盉　三年三月既生霸壬寅㊴（第十二日）
　　三年痶壺二　三年九月丁子（巳）(54)（第一日）−1
前九一四(54)　四年散伯車父鼎　四年八月初吉丁亥㉔（第四日）
　　四年散季𣪘　四年八月初吉丁亥㉔（第四日）
　　四年師酉鼎　四年九月初吉丁亥㉔（第五日）
前九一三㊽　五年裘衛鼎一　五祀正月初吉庚戌㊼（第一日）−1
前九一二⑫　六年宰獸𣪘　六年二月初吉甲戌⑪（第一日）
前九一〇㉙　八年齊生魯方彝蓋　八年十二月初吉丁亥㉔（第二日）
前九〇九㉔　九年裘衛鼎二　九年正月既死霸庚辰⑰（第二十四日）

九年乖伯毀　九年九月甲寅(51)（第二日）
前九〇五㉛　十三年無㠱毀　十三年正月初吉壬寅㊴（第九日）+1
十三年望毀　十三年六月初吉戊戌㉟（第八日）
前九〇二⑬　十六年士山盤　十六年九月既生霸甲申㉑（第十三日）
前九〇〇②　十八年駒父盨蓋　十八年正月（見南淮夷）、四月（還至于蔡）
十八年克盨　十八年十二月初吉庚寅㉗（第一日）
前八九八⑳　二十年休盤　二十年正月既望甲戌⑪（第二十二日）
前八九五㉝　二十三年小克鼎　二十三年九月
二十三年微䜌鼎　二十三年九月
前八九二㊺　二十六年番匊生壺　二十六年十月初吉己卯⑯（第六日）
前八九一⑨　二十七年伊毀　二十七年正月既望丁亥㉔（第十六日）
前八九〇④　二十八年寰盤　二十八年五月既望庚寅㉗（第二十六日）+3
前八八五㉟　三十三年伯寬父盨　三十三年八月既死（霸）辛卯㉘（第二十八日）
前八八一㊷　三十七年善夫山鼎　三十七年正月初吉庚戌㊼（第六日）

「七月」でなければならないという提説があります。そうしますとこれは「幽王元年七月朔辛卯」の日食となり、これが決定的な基準となって、全然狂いのない暦が構成されるのです。孟子は「千歳の日至も坐して致すべし」（離婁下）、すぐに計算ができるといっています。当時それほど天文暦数の学は発達していたのです。それで紀元前九一七年の元旦の干支番号は誰でも計算できる。しかしこれが何王の何年にあたるかは、その王の在位年数をどうみるかで非常に違うのです。先ほど申しました方法で集めたものを、暦とあわせていく。〔資料1〕にあげました銘文、夷王の時代のこの暦日記事をもつ銘文が、最も多い。これを並べてその年にあてはまるかどうか。たとえば初吉、あるいは既生覇というような週の名前ですね。初吉は月の姿がみえはじめてくる。八日間。次が既生覇、覇は白い月の光です。これが七日間。次が既望で七日。既死覇は光が次第に消える時期で八日間。大の月ですと八・七・七・八という配分になるかと思う。小の月ですと八・七・七・七となる。こうして日の計算をします。

〔資料1〕の最初の銘文で説明しますと、前九一七年の元旦朔は㊵、元年師詢𣪘《しじゅんき》は元年二月既望庚寅㉗とある。既望ですから第三週です。庚寅は第十八日にあたります。第三週は十六日以後ですから、これは既望の第三日にあたります。次の元年師頪𣪘《しまいき》、元年九月既望丁亥、丁亥は干支番号㉔、九月ですから小の月四回へらして㊱、㊱から㉔になる間に閏月が一度入る計算になるはずです。面倒ですが一つ一つ計算をし、あてはまるかどうか調べるのです。こうしてたくさんの器を並べましたが、ただ少し狂いの出てくるものがある。たとえば四番目の三年癲壺《こうこ》ですが、第一日としましたが、実は一日足らない。同様に前九一三年の五年裘衛鼎《きゅうえいてい》もマイナス一、前九〇五年の無㠱《むき》𣪘《き》はプラス一、というふうにプラス・マイナス一ずつぐらい異なるものもある。しかしこの一は、この時代の暦法で機械的に大小大小とくり返すだけでなくて、暦と季節をうまくあわせるために大の月を続けることもある。連大といいます。そうするとこのプラス・マイナス一という現象が生まれてくる。だいたい一は許容範囲のうちであるということになりますね。このようにして、まるでパズルをはめるようにして、一つずつ計算してあてはめる。約三百年にわたって八十五の器をこうして区分けしていくのです。相当気の長い話ですが、根気よくやりますと、おもしろ味もありましてね、うまくいくとやはり楽しいものであります。

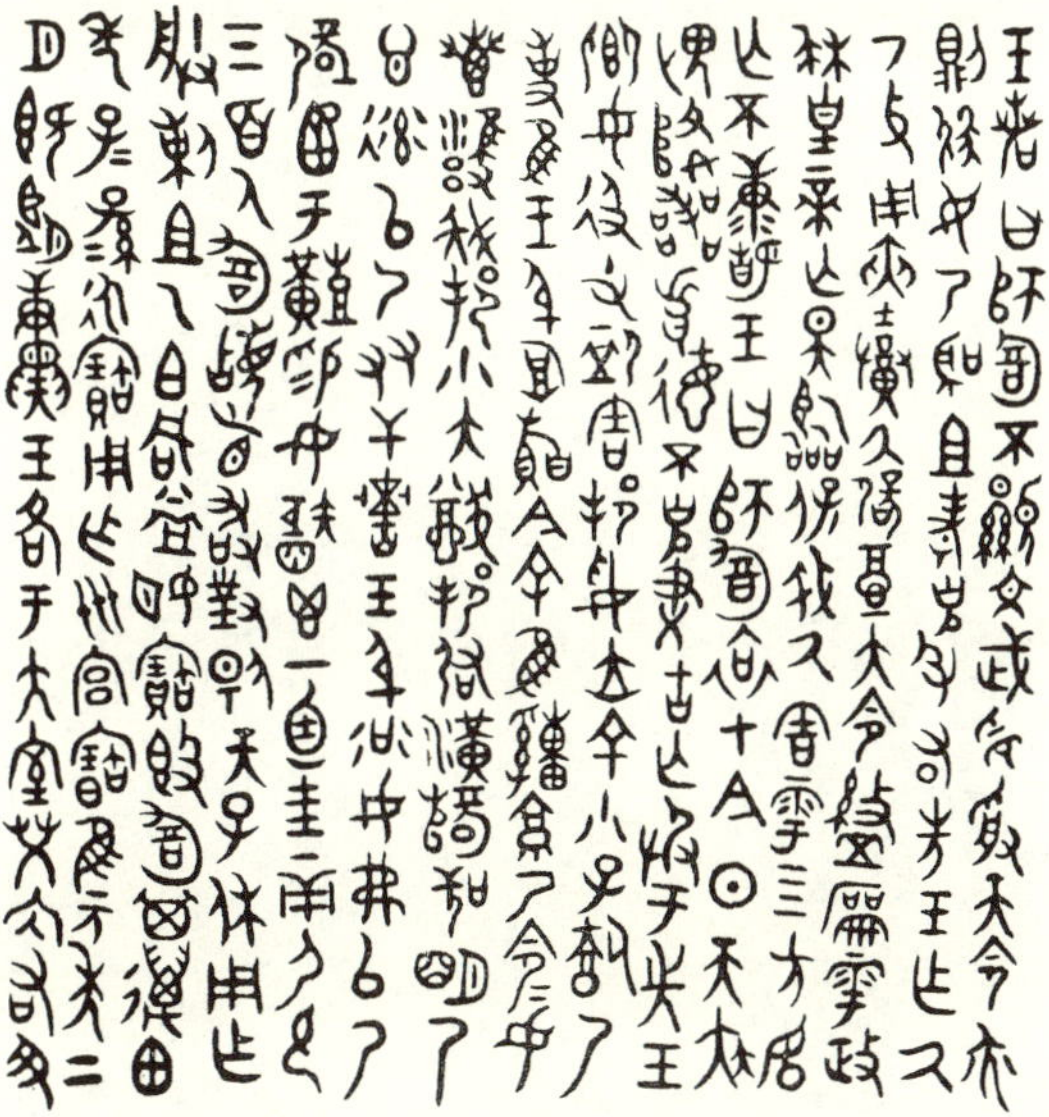

【資料2】師詢𣪘（『金文通釈』巻三下・一八三、二〇〇四年、平凡社刊）

『資料2』の夷王元年の師詢𣪘の銘文の内容を検討することにしましょう。

元年師詢𣪘は二百字を超える長文の銘で、おそらく夷王即位当初の、混乱した状態を反映するものであろうと思います。

王若曰、師詢、丕顯文武、孚受天令、亦鼎殷民、乃聖且考、克差右先王、乍厥爪牙、用夾豐厥辟、奠大令、盩龢雩政、肄皇帝亡昊、臨保我厥周雩四方、民亡不康靜

王曰、師詢、哀才、今日天疾畏降喪、秉德不克妻、古亡承于先王、鄉女彶、屯卹周邦、妥立余小子、𤔲乃事、佳王身厚頣、今余佳

龢𦎫乃令、令女叀雝我邦小大猷、邦居潢辟、敬明乃心、䢦㠯乃友、干吾王身、谷女弗㠯乃辟、圅于䡴、易女䰜鬯一卣・圭瓚・尸允三百人

詢頴首、敢對𩵦天子休、用乍朕剌且乙白同益姬寶設、詢其萬甶年、子〻孫〻、永寶、用乍州宮寶

隹元年二月既望庚寅、王各于大室、焚内右詢

王、若《かくのごと》く曰く、師詢よ。丕顯《ひけん》なる文武、天命を孚受し、殷民を奕則《えきそく》せり。乃《なんぢ》の聖なる祖考、克《よ》く先王を差右し、厥《そ》の爪牙と作《な》り、用て厥の辟《きみ》を夾盥《けふせう》し、大命を奠《さだ》め、政に盩龢《ちうやく》せり。肆《ゆゑ》に皇帝哭《いと》ふこと亡《な》くして、我が周と四方とに臨保したまひ、民、康靜ならざるは亡《な》かりき。

王曰く、師詢よ。哀しい哉《かな》、今日、天、疾畏にして喪を降せり。德を秉《と》ること肅《つつ》しむこと克《あた》はず、故に先王に承《う》くること亡《な》し。嚮《さき》に女《なんぢ》、彶《つつし》みて周邦を純卹《じゆんじゆつ》し、余《われ》小子を綏《やす》んじ、位あらしむ。乃《なんぢ》の事を載《おこな》ひ、隹《こ》れ王の身に厚諧《こうけい》あらしめたり。今、余隹れ乃の命を緟𦎫《しようきやう》す。女《なんぢ》に命じて、我が邦の小大の猷《はかりごと》を惠雝《けいよう》せしめ、邦居《いう》を潢辟《くわうがい》ならしむ。乃の心を敬明にし、乃の友を䢦以して、王の身を扞敔《かんぎよ》し、女《なんぢ》の、乃《なんぢ》の辟《きみ》を以て艱《かん》に陷れざらんことを欲す。女に秬鬯《きよちやう》一卣《いう》・圭瓚《けいさん》・夷允《いいん》三百人を賜ふ、と。

詢、稽首し、敢て天子の休に對揚して、用て朕が剌《れつ》祖乙伯・同益姬《しき》の寶設を作る。

詢其れ萬由《ばんし》年《ねん》、子〻孫〻、永く寶とせよ。用て州宮の寶を作る。

隹《こ》れ元年二月既望庚寅、王、大室に格《いた》り、熒内《えいい》りて詢を右《たす》けたり。

文首に「王若曰、師詢」とよびかけの語をつけ、文武創業の際における詢氏の功業を回顧し、今日疾畏降喪の際に当って綏位の功を効し、輔弼を全うすることを求め、秬鬯など礼器のほか、尸允三百人を与えてそのことを依嘱している。これが元年銘であることからいえば、夷王即位の当時、周室はその興亡を分かつほどの非常の危機に直面していたのであろうと思われます。

同じく元年九月の師《し》頪𣪘《まいき》には、はじめに廷礼をしるし、王は史官に命じて冊命を伝え、前任を再認する䜌亹《しようきよう》の命を発している。先の師詢𣪘にも「今余隹䜌亹乃令」とあるから、彼らは前王以来、その事に任じていたものであろうと思われる。師某と称するものには、成周庶殷として軍事を担当する者が多く、師詢は剌祖乙伯の器を作っている。夷王即位の当時、これらの武臣の力を藉る必要があったのであろうと思う。「史記」周本紀の正義に引く「古本竹書紀年」には、「夷王三年、諸侯を致して齊の哀公を鼎に烹《に》る」という記述があり、「礼記」郊特牲や「太平御覧」巻八十五所載の「帝王世紀」には、夷王が堂下の礼を執ったというような記述もあり、即位の当初より、非常の事態であったことが知られるのです。

「史記」には、「懿王崩じ、共王の弟辟方立つ。是を孝王と爲す。孝王崩じ、諸侯復《また》懿王の太子燮《せふ》を立つ。是を夷王と爲す」とあり、その正義に「帝王世紀に云ふ、十六年、崩ずるなり」という。また［史記］は、次の文が続きます。

夷王崩じ、子厲王胡立つ。厲王位に即きて三十年、利を好み、榮夷公を近づく。大夫芮良夫《ぜいりやうふ》、厲王を諫めて曰く、王室、其れ將《まさ》に卑《いや》しからんとするか。夫れ榮公は利を專らにすることを好みて、大難を知らず。夫れ利は百物の生ずる所なり。天地の載する所なり。而して有《たも》ちて之を專らにす。其の害多し。天地百物、皆將《まさ》に焉《これ》に取らんとす。何ぞ專らにすべけんや。怒る所甚だ多からん、而るに大難に備へず。是《これ》を以て王に教ふ。王其れ能く久しからんや。夫れ人に王たる者は、將に利を導きて之を上下に布《し》かんとする者なり。神人百物をして、極（中）を得ざること無からしむも、猶ほ日に怵惕《じゆつてき》して、怨みの來らんことを懼るるなり。故に頌（［詩］周頌思文）に曰く、「思《ここ》に文なる后稷《こうしよく》　克く彼の天に配す　我が蒸民を立つるは　爾《なんぢ》の極に匪《あら》ざる莫《な》し」と。大雅（文王）に曰く、「陳《かさ》ねて錫《たま》ひて周に載《あ》り」と。是れ利を布《し》かずして難を懼るるか。故に能く周を載《はじ》めて以て今に至る。今、王、利を專らにすることを學ぶ、其れ可ならんや。匹夫、利を專らにするをも、猶ほ之を盜と謂ふ。王にして之を行はば、其の歸するもの鮮《すくな》からん。榮公若し用ひられなば、周必ず敗れんと。厲王聽かず。卒に榮公を以て卿士と爲し、事を用ひしむ。

ここに「夷厲の際」の［史記］周本紀を出しておきました。夷王と厲王との間、ちょうどその時期に、社会的に不安な状態があった。そのころの銘文の師詢𣪘《しじゆんき》をあげておきましたが、かなり長文です。「王、若《かくのごと》く曰く、師詢よ。丕《おほ》いに顯《あきらか》なる文武、天命を孚受し、殷民を奕則せり」と、ここにもやはり「丕いに顯なる文武、天命を孚受し」という文武受命のことが回顧されている。五行目には「王曰く、師詢よ。哀しい哉《かな》、今日、天、疾畏にして喪を降せり。徳を乗《と》ること肅《つつ》しむこと克《あた》はず、故に先王に承《う》くること亡《な》し」。これは先王の徳を尊ばず、文武の受命を継承しなかったがゆえに、今日の乱れを招いたという。この夷王の時代は、周の初めからすでに二百年ほどもすぎているけれども、こういう非常の際には、やはり文武受命のことをふりかえる。これがその当時の国の乱れを回復する、一つの基軸になる。周は幾度か混乱に陥るのですが、文武の受命ということを回顧することによって、その危機を免れているのです。この夷厲の際は、だいたいこういうことを申しあげようと思って金文資料をあげました。

次に引きましたのは「史記」の文章です。この時代に「利を好む」ところの「榮夷《えいい》公」という者がいて、政治が乱れたと書いてある。これは「詩経」の諸篇にも出てきますので、おそらくそういう伝承があったのであろう。その榮夷公が金文でどういう人にあたるのかはよくわかりません。金文に榮（㷀）という名の人が何人も出てきています。はたしてこの時期の榮氏であるのかどうかはちょっとわかりませんが、榮公関係の人がいたことはまちがいないと思います。

次は『資料3』の厲王の譜とその紀年銘器です。私は厲王は三十七年ということに

【資料3】厲王譜とその紀年銘器（『金文通釈』巻五・三九〇―三九二頁、二〇〇五年、平凡社刊）

厲元	878	㊺	20	859	㉞
2	877	⑱	21	858	㊿8
3	876	⑫	22	857	52
4	875	⑦	23	856	㊻
5	874	㉚	24	855	⑩
6	873	㉕	25	854	⑤
7	872	㊾	26	853	㉙
8	871	㊹	27	852	㉔
9	870	㊳	28	851	⑱
10	869	②	29	850	㊷
11	868	56	30	849	㊱
12	867	㊿	31	848	㉚
13	866	⑭	32	847	54
14	865	⑧	33	846	㊽
15	864	㉜	34	845	⑫
16	863	㉗	35	844	⑦
17	862	㉒	36	843	①
18	861	㊻	37	842	㉕
19	860	㊵			

前八七八㊺　叔専父盨　隹王元年、王在成周、六月初吉丁亥㉔（第三日）、叔専父乍奠季寶鐘六

前八七七⑱　鄭𣪘　隹二年正月初吉、王在周卲宮、丁亥㉔（第七日）、王各于宣榭、毛伯內門、立中廷、右祝鄭、……王曰、鄭、昔先王既命女乍邑、𤔲五邑祝、今余隹䌛𩫏乃命、……鄭用乍朕皇考龔伯𨻰𣪘

前八六七㊿　大𣪘二　隹十又二年三月既生霸丁亥㉔（第六日）[-2]、王在𩡧辰宮、王乎吳師召大、易𧽊嬰里、王命善夫豖、……皇考剌伯

前八六四㉜　大鼎　隹十又五年三月既（死）霸丁亥㉔（第二十四日）、王在𩡧辰宮、大以厥友守、王饗醴、王乎善夫騕、召大以厥友入攼、……剌考己伯

前八六三㉗　伯克壺　隹十又六年七月既生霸乙未㉜（第七日）[-1]、白大師易伯克僕卅夫、白克敢對揚天右王伯友侑、……穆考後中

成鐘　隹十又六年九月丁亥㉔（第二日）、王在周康徲宮、王親易成此鐘

前八六二㉒　此鼎・此𣪕　隹十又七年十又二月既生霸乙卯㊾（第七日）[-1]、王在周康宮徲宮、……𤔲土毛叔、右此入門、立中廷、王乎史翏、册令此曰、旅邑人善夫、……用乍朕皇考癸公𩰫鼎

前八六〇㊵　趞鼎　唯十又九年四月既望辛卯㉘（第二十日）、王在周康卲宮、……宰訊右趞、……史留受王令書、……用乍朕皇考𠦪伯奠姬寶鼎

前八五四⑤　鬲從盨　隹王廿又五年七月既□□□、王在永師田宮、令小臣成、友逆□□內史無𦣞、大史旟曰、……复友鬲從其田、其邑……、其邑……、凡復友、復友鬲從日（邑）十又三邑、……鬲從乍朕皇祖丁公文考叀公盨

前八五二㉔　袁衞𣪕　隹廿又七年三月既生霸戊戌㉟（第十三日）、王在周、各大室、即位、南白入、右袁衞入門、……王乎內史、易衞䵼市・朱黃・䜌

前八四七54　鬲攸從鼎　隹卅又二年三月初吉壬辰㉙（第七日）、王在周康宮徲大室、鬲從以攸衞牧、告于王曰、女覓我田牧、弗能許鬲從、王令眚、史南以即虢旅、虢旅廼事攸衞牧誓曰、……射分田邑、則放、……從乍朕皇且丁公・皇考叀公𩰫鼎

前八四六㊽　晉侯蘇編鐘　隹王卅又三年、王親遹省東國南國、正月既生霸戊午55（第八日）、王步自宗周、二月既望癸卯㊵（第二十四日）、王入各成周、二月既死霸壬寅㊴（第二十三日）、王僨往東、三月方死霸（初出）、王至于𦵏、分行、王親令晉侯蘇、……伐夙夷、……晉侯蘇折首百又廿、執𠯑廿又三夫、……執訊六十夫、王隹反、歸在成周、公族整師宮、六月初吉戊寅⑮（第一日）、旦、王格大室、即立、王乎膳夫曰、召晉侯蘇、……王親易駒四匹、蘇拜䭫首、受駒以出、反入、拜䭫首、丁亥㉔（第十日）、旦、王鄦于邑伐宮、庚寅㉗（第十三日）、旦、王各大室、𤔲工揚父、入右晉侯蘇、王親儕晉侯蘇鬱鬯一卣……、用昭格前文人

大祝追鼎　隹卅又三年八月初吉辛子（巳）⑱（第五日）、白大祝追乍豐叔姬𩰫彝、……白氏眉壽、黃耇萬年

しています。これは古い書物にも三十七年説をとるものが非常に多いのです。ただ近代の研究者では、金文の日を入れるとき、どうにもうまくいかないというので、年数を動かす人が多い。私は旧来の三十七年説で充分に実証できると考えまして、ここにその銘文の譜に入るものをあげておきました。十数器ございますが、これはみな日の計算をいたしまして、だいたいきちっと入るものであります。そしてあるものはその週の第七日に入る、またあるものはその第一日に入るというものがございます。そうしますとこの二つがその週の柱になりまして、この暦譜はこの範囲において成立するということになります。この両端に近いところがおさえられるわけですから、この暦は成立可能であるということになる。この暦では、一番早いものは第一日に入り、一番おそいものは第七日に入るように、計算ができていますので、ここにあげました器物は、だいたいすべて入り得るという可能性がある。また内容的にも、前後に関連のあるものが多いものですから、厲王の譜は、比較的確実に暦譜構成が可能であると考えております。この厲王譜に、新出のものが四つございます（成鐘・趞鼎・晋侯蘇編鐘・大祝追鼎）。新出の器です。これらがみな、それぞれにこの暦のなかに入っておりますから、だいたいこの暦は成立が可能であろう。また銘文の内容からみましても、前後照応する関係のものがかなりあります。この時期のものになりますと、確実度がかなり高いと考えてよろしいかと思う。

次の〔資料4〕に新出の器の例を一つあげておきました。これは趞鼎という器物です。厲王の譜の、「前八六〇㊵趞鼎」とあるものの銘文を、ここにあげておきました。銘文は篆書《てんしょ》の、美しい流麗な文字が書かれています。文字の数が多いので、この終り三行ほどのところから、文字のお話をいたします。

「敢て天子の丕《ひ》顯《けん》なる魯休に對揚して、用て朕《わ》が皇考《くわうかう》𩛥《り》白《はく》奠《てい》姫《き》の寶鼎を作る。其れ

【**資料4**】趞鼎（『金文集成』五・二八一五、一九九六年、中華書局刊）

隹十又九年四月既望辛卯、王才周康卲宮、各于大室、卽立、宰訊右趞入門、立中廷北鄉、史留受王令書、王乎內史□、册易趞玄衣屯黹・赤市朱黃・䜌旂攸勒、用事、趞拜䭫首、敢對䫉天子不顯魯休、用乍朕皇考𩛥白奠姫寶鼎、其眉壽萬年、子〻孫〻永寶

眉壽萬年、子〻孫〻永く寶とせよ」という文です。敢は上の方は杓のようなものを持っている。下が容器。何かを汲みとるような形で、手を加えている。多分お酒などを汲みとるということかと思います。儀礼の場所を清める灌鬯《かんちよう》の儀礼かと思われます。これを山の崖の下の聖所などでやることがある。そのとき上に祝詞をおさめる器を三つ並べます。これがのちの嚴《げん》。だから敢は「敢《あ》へて」という意味に使いますが、実は「おそれ多いことですが」、「つつしんで致します」というぐらいの意味です。崖の下などで儀礼が行なわれるとき、厳として、いかめしいという字になる。祝詞を二つ三つ並べて行なう、きわめて厳重なる儀式であったのです。次に対（對）という字。對の左旁の下の方は土です。上部は丵《さく》。歯状の刻みをつけたものに、棒がついている。これで土を撲《う》つ。いわゆる版築《はんちく》という方法です。城壁を作るとき、両側の板の中に土を盛り、この丵で両方からついて打ち固めるのです。それで對の字になる。中国の城壁はみなこの版築という方法です。両方に版を立てて、中に土を入れ、これを前後二人向きあって、かなり細い棒でつき固める。殷代の城壁が残っておりますが、随分先の細い棒でつき固めたようです。向かいあうという意味も、こういうやり方から出てきます。対揚の揚は、上にあるのは丸い玉。それから連ねた玉。これを高い台の上に載せて拝む。玉は非常に優れた霊的な力をもっていて、これを拝みますと、その力が自分に与えられる。だから拝むのです。対揚というふうに使います。神の恵みにこたえる、王様の恩寵にこたえるというときに、対揚という語を使います。

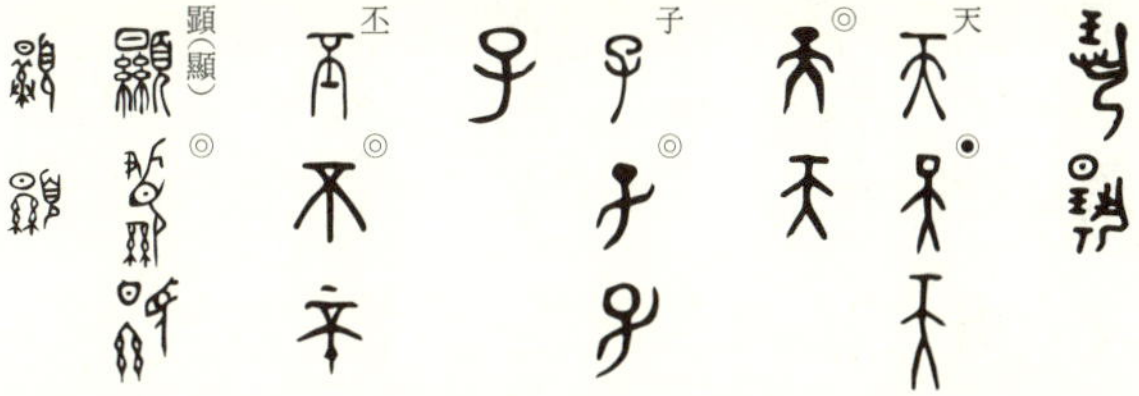

次に天子。天は大きな頭。子はこれは普通の子が書いてあります。殷の時代には王子の場合には子をお釈迦様の降誕のときのように、手を上下にしたものです。周のこの時代には、すべて手をあげています。「丕顕なる」の丕はおおいなるという字ですが、不は花びらの萼柎《がくふ》の形です。艹《くさ》かんむりをつけると芣、花が落ちて蕊《しべ》が残っているという、あれが不です。打消しの不はこの字の音を借りた仮借《かしゃ》の用法です。それで大きいというときに、まんなかに丸をつける。そうすると丕になる。実がついてふくらむ意です。顕（顯）の上にある丸いものは玉の形です。その玉に長い糸飾りがついています。右側は拝んでいる人の形。頭の上の線は、頭に麻などをまきまして、礼装するときにする形で、これは儀式のときの姿です。玉に糸飾りをつけたものは、神様の依代《よりしろ》。ここに神様があらわれる。だから顕われるという意味です。

魯休の魯は、上部は魚、下は祝詞を入れる器。つまり祝詞に魚を添えてお祭りをするという字です。休は左扁は人、右旁は禾《のぎ》。今の休は人と木になっていますが、本当は禾です。禾はこういう形の軍門に立てる標木で、鳥居の半分、鳥居のもとになる形です。神聖な場所に、禾を左右両方に立てる。崖下などで軍礼を行なう場合、この軍門を立てて祝詞をあげたりして儀式を行なう。これが暦（曆）という字です。暦は単なる日暦ではありません。軍事上の功績をこの両禾軍門のところで表彰する。これが暦です。だから暦は功暦をここで旌表《せいひょう》するということです。休はそういうところで軍功を表彰することから、「ほめる・めでたい」というような意味となる。休むという

のはそこから副次的に出てくるので、本来は名誉という意味です。

次に用。注意してご覧になりますと、一箇所わざわざあけてありますね。これはだいたいは木を組みあわせて作った柵です。用は墉《かき》の一番もとの字です。木を組んで作った用に、土を入れ、杵《きね》でつき固めて墉とするのです。用はまたおり（檻）の形ですから、中に動物犠牲を入れておきます。この犠牲を用いるとき用牲といい、檻から犠牲を引き出すという意味です。普通の用というのとは全然使い方が違いますね。「春秋」や「左伝」「公羊伝」などに「人を用ふ」というような使い方がありますが、これは刑罰をする意味です。鼻を撲って血を取り、それで清めることをします。乍（作）は小枝などを縛った形。作は垣・牆を作るときに使う。京都のお土居のように大きいものを、全部土で固めようとすると、随分労力を要するので、木や木の枝をまぜる。木の枝を撓《たわ》めたものを中に入れて嵩《かさ》をとらせて、そして城壁を作る。お土居のようなものを堵《と》と申します。者（者）は、上は木の枝に土をかぶせたもの、下に祝詞の器（𠙵）をおさめています。中にお札《ふだ》を入れる。お土居に使いますので、土をつけて、堵になる。だいたい、一丈平方の土塀を堵といいます。方丈の室ならば「一堵の室」という。この中に入れる呪符は字で書きますから、上に筆を書きますと書という字になる。書は本来はお土居などに埋めて、呪符として悪霊が中に入らないように、たくさん入れるのです。魔除けのお札ですね。本来文字にはそういう力があったのです。

朕（朕）。われ。左は舟、ものを入れる盤《ばん》の形です。关《そう》は入れたものを両手で捧げ持つ形。これが賸《よう》になります。貝はおくるもの。お姫さんがお嫁に行くとき、その伴う人を媵《よう》という。朕を「われ」という一人称代名詞に使うのは、いわゆる仮借の用法です。のちに朕《ちん》とよみますが、本来は「よう」とよむ字です。自分をあらわす我は、鋸《のこぎり》の形です。余は手術や入墨をするとき用いる把手《とって》のある辛《はり》です。すべて自分には関係がないのですが、その音をもって代名詞に使います。皇考の皇の上の部分は玉です。玉光が放射する形で、下は王。これは大きな鉞。皇は鉞（玉座の儀器）の上の玉光が皇耀とするさまをいいますので、「かがやく・大いなり」という意味が生まれます。皇考の考は老人の形です。髪はぼうぼう、身体はまがっている。ここに音符として丂《こう》をつけて、考となります。𠩺白《りはく》の𠩺の上部は禾穀《かこく》を殴《う》ってこれを治めるときの字で、儀礼として用いるとき、これを音符として使います。下には來が書いてありますね。來も穀物のことですから、儀礼のお供えの意味に使う。釐《り》・賚《り》などの字もあります。奠《てい》は酒壺をおいた形。台の上にきちんとおさまるので、定める意味に使います。

次の姫（姫）、𦣞《い》は乳房の形。ひざまずく女に大きな乳房をそえ、いい年ごろになった女性を姫といいます。乳をのませるときに子を加えると巸《き》（嬰）、火を書くと熙《き》となり、明るい・たのしいという字になります。宝（寶）の宀《べん》は建物の形。廟所に玉や貝や缶《ふ》を供える形で、それらを寶といいます。下の字は貝ではなく鼎《てい》、かなえです。其はちりとりの形。周の先祖に棄というのがありましたね。棄はこの上に子どもを逆

に書く、押しこんで棄てるのです。眉寿の眉はちょっと複雑な字ですが、小さい酒壺のようなものを両手でもつ。そして、頭に飾りをつけた人にお酒をふり注いで、清めの儀式をしている。これは命の長く栄えることを祈る。そういうときに使い、のち眉寿の眉という字に用います。寿（壽）の上部は老人、下は田圃の疇《うね》の形。ここでお祈りをしますので𠙵《さい》をつけます。疇《ちゅう》という字です。萬はさそりという虫の形です。年は人が田舞いをする形、穆は禾が熟して穂が垂れた形です。花咲くと秀、穀物が実りますと穆になる。この実が落ちてしまうと禿《とく》という字になる。禿は決して人の頭のことをいう字ではありません。麦の穂が落ちたという字なのです。子々孫々の孫は、子に糸飾りをつけた。祖祭の尸《かたしろ》となる。永は水が絶えず流れることをいいます。反対に水の流れが分かれる場合は分派の派の字のもとの形「𠂢」になります。寶は先ほどいいましたように、宀《べん》は御廟屋の形。王は玉の形、下の貝は鼎、缶《ふ》はほとぎという字のもとの形。

本日は今まで文字の話をいたしませんでしたので、ここでまとめて文字の話をいたしました。

次の〔資料5・a〕、これは共和の暦譜。共和というのは実は厲王が彘《てい》に出奔してしまって、亡くなったわけではないのですが逃げてしまった。居場所はわかっていますが、政治はできない。そこで二人の重臣が交替で政治をすることになった。共和というのは周召二公が政をしたという説もありますが、この時期の器物に出てくる伯龢《はくわ》

小大楚賦、無唯正聞、弘其唯王智、廼唯是喪我或、厤自今、出入專命于外、厥非先告父厝、父厝舍命、毋又敢惷專命于外
王曰、父厝、今余唯䌛先王命、命女亟一方、𠷎我邦我家、毋顀于政、勿雝速庶□賓、毋敢龔橐、龔橐廼敄鰥寡、善效乃友正、毋敢湛于酉、女毋敢㒸、才乃服、豳夙夕、敬念王畏不睗、女毋弗帥用先王乍明井、俗女弗㠯乃辟圅于囏
王曰、父厝、巳、曰、彶丝卿事寮大史寮、于父即尹、命女、䎽嗣公族雩參有嗣、小子師氏虎臣雩朕褻事、㠯乃族、干吾王身、取遺卅守
易女鬱鬯一卣・鄭圭鬲寶・朱市・悤黃・玉環・玉琮・金車・桒縟較・朱𩠩𠷎靳・虎冟熏裏・右厄・畫轉・畫䡈・金甬・遣衡・金踵・金豙・勅䢅・金簟弼・魚葡・馬四匹・攸勒・金嚻・金雁・朱旂二鈴、易女丝关、用歲用政
毛公厝、對敭天子皇休、用乍隮鼎、子〻孫〻、永寶用

緟恪《しようかく》し、四國を康《やす》んじ能《をさ》め、我が、先王の憂を作《な》さざらむことを欲す。王曰く、父厝よ。之《こ》の庶の出入して外に使し、命を敷き政を敷くに雩《おい》て、小大の楚賦を埶《をさ》めよ。正聞唯《あ》り、其の王智唯《あ》るを弘《おほ》いにすること無くば、廼ち是《これ》我が國を喪ふこと唯《あ》らむ。今自《よ》り厤《へ》たるのち、出入して命を外に敷くに、厥の、先づ父厝に告げ、父厝、命を舍《お》くに非ずんば、敢て惷《つつし》みて命を外に敷くこと有る毋れ。

王曰く、父厝よ。今余唯《これ》先王の命を緟《つ》ぎ、女に命じて一方に亟《きみ》とし、我が邦我が家を𠷎《おほい》ならしめ、政に離《みだ》るること毋《な》く、庶□の貯を壅速《ようれん》することを勿れ。敢て龔橐《きようほう》すること毋《なか》れ。龔橐するときは、廼ち鰥寡《くわんくわ》を敄《や》ましめむ。乃《なんぢ》の友正を善效し、敢て酒に湛《しつ》むこと毋れ。女、敢て墜さず、乃の服に在りて、夙夕を豳《つつし》み、王畏の易からざるを敬念せよ。女、先王の作りたまへる明刑を帥《そつ》用せざること毋れ。女の、乃の辟《きみ》を以て艱《かん》に圅《い》れざることを欲す。王曰く、父厝よ。巳《ああ》、曰《つ》げて茲《こ》の卿事寮・大史寮に彶《いまし》め、父《ほ》に于《おい》て即《つ》きて尹《ただ》さしめよ。女に命じて、併せて公族と參有嗣、小子・師氏・虎臣と、朕が褻事《せつじ》とを嗣《をさ》めしむ。乃の族を以《ひき》ゐて、王の身を干敔せよ。遣《ちよう》三十鍰《くわん》を取らしむ。

女に秬鬯一卣・鄭圭鬲寶《くわんけいさんはう》・朱市・悤黃・玉環・玉琮・金車・桒縟較《ひへきかう》・朱𩠩𠷎靳《しゆらんちやうき》・虎冟熏裏《こべきくんり》・右厄・畫轉・畫䡈・金甬・遣衡《そかう》・金踵《しよう》・金豙《じ》・勅䢅《せい》・金簟弼《てんひつ》・魚箙・馬四匹・攸勒・金嚻《らふ》・金膺・朱旂二鈴を賜ふ。

女に茲《こ》の賸《おくりもの》を賜ふ。用て歲し用て政せよ、と。

毛公厝、天子の皇休に對揚して、用て隮鼎を作る。子〻孫〻、永く寶用せよ。

が入っていません。いきなり「王若《かくのごと》く曰く、父《ほ》厝《あん》よ。丕顯なる文武、皇天弘《おほ》いに厥《そ》の徳に厭《あ》き、我が有周に配す」とあり、ここにも文武受命のことが出てきます。もう国は終末に近く、国家存亡の危機である。厲王は彘《てい》に奔り、十四年もの間政治から離れ、伯龢父・師龢父の二人が政治をしている。次の王様の宣王は、まだ年が非常に若かった。王が彘《てい》に出奔したとき、宣王はまだ赤ちゃんであった。これが危うく敵の手に落ちようとしたとき、のちに王家を助けた召伯虎《しょうはくこ》という召公の子孫の人で、この人は詩篇にもみえ、また器の銘文も二つ残っています。この召伯虎が、自分の子どもを犠牲にして、自分の子どもととりかえて宣王をかくまった。共和の十四年が終わりましたとき、宣王は十五、六歳になっているはずです。そしてそのあと四十六年在位します。ところで厲王は三十七年在位して、それから彘へ逃げた。そのときに子どもが赤ちゃんであったというのは、どうも不自然です。普通の親子の関係ではないだろうと思う。おそらく王家の内部にいろんな混乱があって、古い皇族が捨てられ、若いお嫁さんでももらって、後継ぎの赤ちゃんができて、それで内乱になり、赤ちゃんが取られようとした。それを召公が助けたということになるかと思います。年齢関係がはなはだ不自然であるということは、はなはだ不自然なる人間関係があったのではないかということになるわけです。

　毛公鼎は、共和の時代が終わって宣王が位に即く。位に即くはずであるが、まだ改元する前に、宣王が毛公に託した言葉として記されています。このとき宣王はまだ十

五、六歳です。だからこんなに立派な伝命をいうはずがない。これは在廷の臣たちが毛公に依嘱するというので、おそらく当時の文章の力をあつめて、作ったものであろうと思う。西周三百年のうち、最も長く、最も名文である。そしてその文字もきわめて立派なもので、この拓本は世間に流布するものはほとんどありません。古い著録類には何種かございますが、なかなか原拓は得がたいものです。全部で四百九十九字。若い王様が「王若《かくのごと》く曰く」という伝命形式で語られているのです。訳文もついていますので、お手すきのときにゆっくりお読みください。

次の『資料7』、宣王の譜とその紀年銘器。これは先の厲王末の乱のとき、助けられた赤ちゃんですね。この人が位に即いて、四十六年在位した。これは『史記』にも他の書物にも書いてありまして、だいたい間違いない。今までこの王様の時期の金文はあまり出てこなかったのですが、最近四二年・四三年の逨鼎《らいてい》一・二、その前の呉虎《ごこ》鼎《てい》、これらの器物が出てまいりまして、宣王の晩年の事跡がわかるようになりました。宣王の事跡は、『詩経』のなかにその関係の詩篇がたくさんございます。非常に勇武な人で、諸方に遠征を試みて、ことごとく成功した「宣王の中興」といわれる時代であった。この時代の金文が従来あまり出てこなかったので、私はいくらか不思議に思っていたのですが、最近になって出てまいりまして、宣王の治世が四十数年にわたり、しかも充実したものであったということが確認できるようになった。こういう器物が出てまいりませんと、なかなか文献の記載を確認しがたいのです。

【資料7】宣王譜とその紀年銘器（『金文通釈』巻五・三六二頁、二〇〇五年、平凡社刊）

宣元	827	㉘	24	804	㊹
2	826	(52)	25	803	㊳
3	825	㊼	26	802	㉝
4	824	㊶	27	801	(57)
5	823	⑤	28	800	(52)
6	822	(59)	29	799	㊻
7	821	(53)	30	798	⑩
8	820	⑰	31	797	④
9	819	⑫	32	796	㉘
10	818	⑥	33	795	㉒
11	817	㉚	34	794	⑯
12	816	㉕	35	793	㊵
13	815	㊽	36	792	㉟
14	814	㊷	37	791	㉚
15	813	㊲	38	790	(54)
16	812	(60)	39	789	㊽
17	811	(55)	40	788	⑫
18	810	㊿	41	787	⑥
19	809	⑭	42	786	(60)
20	808	⑧	43	785	㉔
21	807	㉜	44	784	⑱
22	806	㉖	45	783	⑬
23	805	⑳	46	782	㊲

前八二三⑤　琱生𣪘一　五年正月己丑㉖（第二十二日）
兮甲盤　五年三月既死霸庚寅㉗（第二十四日）
前八二二(59)　琱生𣪘二　六年四月甲子①（第五日）
前八一七㉚　虢季氏子組盤　十一年正月初吉乙（己）亥㊱（第七日）
前八一六㉕　虢季子白盤　十二年正月初吉丁亥㉔（第一日）－1
前八一五㊽　不嬰𣪘　（十三年）九月初吉戊申㊺（第二日）
前八一二(60)　克鐘　十六年九月初吉庚寅㉗（第一日）
前八一〇㊿　呉虎鼎　十八年十又三月既生霸丙戌㉓（第十日）
前七八六(60)　逨鼎一　四十二年五月既生霸乙卯(52)（第二十五日）×
前七八五㉔　逨鼎二　四十三年六月既生霸丁亥㉔（第四日）×

疇

萬

【資料8】四十二年逨鼎（原寸大、部分銘）

〔資料9〕幽王譜とその紀年銘器（『金文通釈』巻五・三五七頁、二〇〇五年、平凡社刊）

幽元	781	㉛
2	780	㉖
3	779	㊾
4	778	㊸
5	777	⑦
6	776	②
7	775	㊻
8	774	⑳
9	773	⑮
10	772	⑨
11	771	㉝

前七七九㊾　作鐘　三年四月初吉甲寅㊿（第四日）

〔資料8〕の逨鼎の銘文は、まだわが国には原寸で紹介されておりません。私はたまたまいただいた手紙のなかにその一部が原寸で入っておりましたので、ここに出しておきました。小さくしますと、なかなか字の気象がわからないのですが、これほどの字でありますと、毛公鼎におとらぬほどの字であることがだいたいわかります。その時代の書、文字というものも、だいたいわかるように思う。

次に幽王の時代です。〔資料9〕に幽王の譜を出しておきました。幽王の時代に周は滅びる。わずか十一年にして、幽王は夷狄のために殺され、周はまことにみじめな最後であった。殷の神聖王朝の最後にくらべますと、周は徳治国家と称しながら、その最後はみじめであった。それは徳を失えば何らの支配力もなくなってしまう、統率力もなくなってしまうということの、証拠であろうというふうに思います。

幽王譜に続いて、次に〔詩経〕小雅の十月之交という詩全八章のうち、六章までを

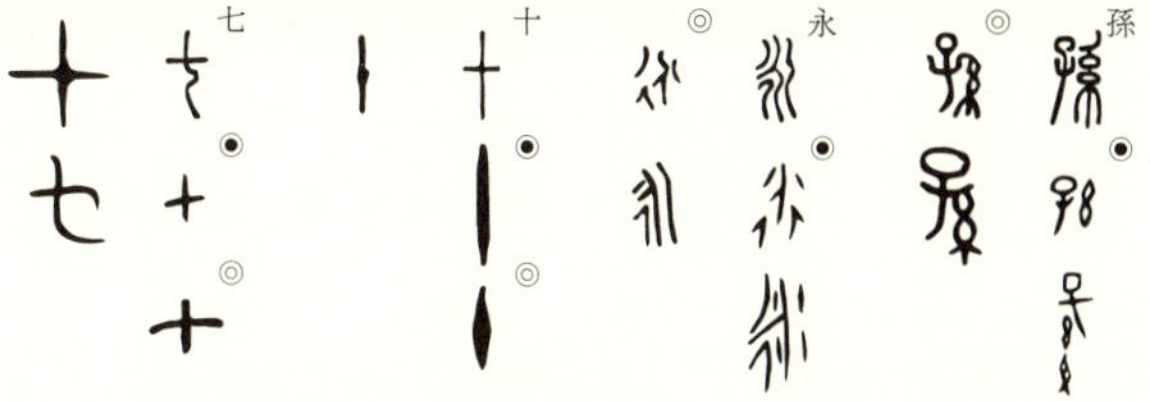

出しておきました。

「十月の交　朔月辛卯　日、之を食する有り　亦孔《はなは》だこれ醜《おほい》なり」という日食の記事からはじまります。日食の記事ですから、日食の記録に必ず出てこなければならない。そこでオッポルツェルの日食表というのを、天文学者の方にたのんで調べていただきました。ところが「十月の交　朔月辛卯」という十月の辛卯の日は、幽王の元年にはない。この詩は幽王元年でなければならないのです。なぜかというと、日食がこの年であること、翌年に大地震があって山は谷となり、谷は山となるような大地殻変動が起った。これが幽王の二年です。だから日食は元年にまちがいないのです。ところが「十月の交」というのがたいへん人惑わせなものでありまして、昔の十という字は、縦に一本引いただけです。これは算木で示しますときに、一・二・三・四は横に並べる。五になると×にする。七は十の縦を途中で折る。八は両方に分けるというようにして示します。十は縦に一本おきます。のちに途中に・をつけたりする。そうすると、古い時代の七にまちがえる。それで七を十にまちがえて、読みちがえたまま伝わったのであろう。だからいくら日食表を調べてもあわないのです。それがのちになって、この詩はおそらく七を十と読みちがえたのであろうということになった。春秋から逆算して暦を調べますと、元年の七月辛卯朔がきちんとあうのです。そこから延長して西周の暦が確定できる。私が今までお話しました暦は、その改訂した西周の暦です。

十月之交《じふげつしかう》　（十月の日月交會の時）

十月之交
朔月辛卯　meu
日有食之
亦孔之醜　thjiu」
彼月而微　miuai
此日而微　miuai
今此下民
亦孔之哀　ai

十月の交《かう》
朔《さく》月　辛卯《しんばう》
日《ひ》　之《これ》を食《しよく》する有り
亦孔《またはなは》だこれ醜《おほい》なり
彼《か》の月にして　微《か》くる
此の日にして　微《か》くる
今　此の下民《かみん》
亦孔《はなは》だこれ哀《かな》し

十月の日月交會の時
一日《ついたち》の辛卯の日に
日食が起つた
それは大きな日食であつた
あの月が　缺ける
此の日が　缺ける
今　人民たちは
深い悲しみのうちにある

日月告凶
不用其行　heang
四國無政
不用其良　liang
彼月而食
則維其常　zjiang
此日而食
于何不臧　tzang

日月《じつげつ》　凶《きやう》を告ぐ
其の行《かう》を用ひず
四國　政《まつりごと》無し
其の良《りやう》を用ひず
彼の月にして食するは
則《すなは》ち維《こ》れ其の常《つね》なり
此の日にして食するは
于《ここ》に何ぞ臧《よ》からざる

日月が　凶を知らせる
其の軌道が外れているのだ
どの國にも　よい政治がない
すぐれた人を用いないからだ
月が缺けるのは
尋常のことです
しかし日が缺けるのは
何という不吉なことだ

爗爗震電 dyen
不寧不令 lyen」
百川沸騰 dang
山冢崒崩 peng
高岸爲谷
深谷爲陵 liang
哀今之人
胡憯莫懲 diang

皇父卿士 dzhie
番維司徒 da
家伯維宰 tza
仲允膳夫 piua
聚子內史 shie」
蹶維趣馬 mea
楀維師氏
豔妻煽方處 thjia

爗爗《えふえふ》たる震電《しんでん》
寧《やす》からず　令《よ》からず
百川《ひやくせん》　沸騰《ふつとう》し
山冢《さんちよう》　崒崩《しゆつほう》す
高岸《かうがん》は谷と爲《な》り
深谷《しんこく》は陵《をか》と爲る
哀《かな》し　今の人
胡《なん》ぞ憯《すなは》ち懲《こ》ること莫《な》き

皇父《くわうほ》は卿士《けいし》
番《は》は維《こ》れ司徒《しと》
家伯《かはく》は維《こ》れ宰《さい》
仲允《ちゆうゐん》は膳夫《ぜんぷ》
聚子《すうし》は內史《ないし》
蹶《けい》は維《こ》れ趣馬《そうば》
楀《く》は維《こ》れ師氏《しし》
豔妻《えんさい》　煽《さかん》に方《まさ》に處《を》る

はげしいはためきと電光
不安と恐怖とが襲う
すべての川は　ふきあふれ
山や岡は　崩れおちる
崖《がけ》は崩れて谷となり
谷はもり上つて陵《おか》となる
哀し　今の人よ
どうして反省しようとしないのか

卿士たる皇父
司徒たる番
家伯は宰
仲允は膳夫
聚子は內史
蹶は主馬《しゆま》の頭《かみ》
楀は師氏の職
み后《きさき》が　勢力を振つている

抑此皇父
豈曰不時　zjie
胡爲我作
不卽我謀　miue
徹我牆屋
田卒汙萊　le
曰予不戕
禮則然矣　jie

皇父孔聖
作都于向　xiang
擇三有事
亶侯多藏　dzang
不憖遺一老
俾守我王　hiuang
擇有車馬
以居徂向　xiang

抑《ああ》　此の皇父《くわうほ》
豈時《あによ》からずと曰《い》はんや
胡爲《なんす》れぞ我を作《さく》するに
我に卽《つ》きて謀《はか》らざる
我が牆屋《しやうをく》を徹《てつ》し
田《でん》　卒《ことごと》く汙《を》萊《らい》となる
曰く　予戕《われそこな》はず
禮《れい》　則《すなは》ち然《しか》りと

皇父　孔《はなは》だ聖《せい》
都を向《しやう》に作る
三有事《さんいうじ》を擇《えら》び
亶《まこと》に侯《こ》れ藏《ざう》多し
憖《なまじ》ひに一老を遺《のこ》して
我が王を守ら俾《し》めず
車馬《しやば》有るを擇《えら》び
居《きよ》を以て向《しやう》に徂《ゆ》かしむ

ああ　この皇父よ
よからぬわけではないが
どうして私を作役に出し
私に相談もしないのか
私の牆《かき》や建物をとり除き
田畑《たはた》も　荒れ放題
そして「わたしのせいではない
定めが　そうなのだ」という

皇父は　かしこいお方
都を向に作られた
三大臣をえらび
ひたすらに財をたくわえた
王の守りのために
一人の老臣を残すこともせず
車《くるま》持つ富人をすぐつて
そのまま向に移らせた

（白川静訳注『詩経雅頌1』、平凡社東洋文庫、一九九八年刊）

七月を十月と読み誤っていた。それで、この詩がはじめて幽王元年の詩であることが確かめられた。幽王元年に日食があった。その前に月食があった。次の年には大地震があって、三川竭《つ》き岐山崩るという大崩壊があった。このような天変地異のときに、国の政治はどうであるのかというのが、詩の三・四章に出てきます。「爗爗《えふえふ》たる震電　寧《やす》からず　令《よ》からず……哀《かな》し　今の人　胡《なん》ぞ憯《すなは》ち懲《こ》ること莫《な》き」、「皇父《くわうほ》は卿士　番《は》は維《こ》れ司徒　家伯は維れ宰　仲允は膳夫　聚子《すうし》は内史　蹶《けい》は維れ趣馬《そうば》　楀《く》は維れ師氏　豔妻《えんさい》　煽《さかん》に方《まさ》に處《を》る」、ここに当時の主だった人物の名前が全部出てきています。

この豔妻は何者なのか。一説には褒姒《ほうじ》であるという。のちに幽王に寵愛された絶世の美人がいた。幽王はこの人を愛して、そのために夷狄から怨まれ、侵入を受けて殺されたといわれます。ところがこの詩は、幽王二年のときの詩で、そのとき褒姒はまだ宮中に入っていないのです。三年になってはじめて入る。幽王二年の詩に褒姒が出てくるはずがない。しからば豔妻とは誰か。豔はおそらく金文に出てくる函《えん》ではないか。函姓の人で函皇父《えんこうほ》という人がある。この人がここに歌われている「皇父は卿士」、総理大臣として一番権力をもっていた。そうすると函皇父の娘か、一族の者が幽王の宮に入り、権勢を振るっていた。豔妻は函皇父の身内の者であるということになる。この詩は、函皇父を首領とする当時の権力者たちが、王室をないがしろにし、ついには王様を都に放置したまま、函皇父は向《しよう》というところに都遷りをしてしまう。勝手に都をつくり、勢力のある者は財産を全部もってそこへ移らせ、旧都には王様ただ一人残し、「憖《なまじ》ひに一老を遺して　我が王を守ら俾《し》めず」、一人の老臣を残し、王様を守るということもさせず、根こそぎみんな向という新しい都に移ってしまった。王都は空っぽになり、王様はまた夷狄の娘を室に入れ、政治に見向きもしないという状態になった。そして遂に外族の侵入を受け、滅ぼされてしまう。

この函皇父に関する遺品は、六十五年ほど前に、長安の近くの扶風《ふふう》県で、地下に実に豪壮な建物がつくられていて、そこに函皇父の銘のあるもの、あるいは関係のあるものが、約百器ばかり整然として収められているのが発見された。これはこの皇父が都を向に遷したときに、自分の宝物を全部もって行き、一時そこにおさめたという跡に違いありません。函皇父の器、その関係だけで百器ほども出て、非常に注目されたのですが、これはこの詩に照合して考えてみますと、まさにこの事実にあたる。「十月之交」、本当は「七月之交」でありますが、この詩に歌われているものは、そういう青銅器の出土によって、史実として証明されたということであります。

西周の時代は、このようにして滅びる。滅び方はまことに無慚でありましたけれども、西周三百年を通じて、最後まで国家危急のときには、「文武の受命」、「丕顯なる文武……」、そういう天命の思想をかかげて、この三百年を生きぬいた。そしてその間に残されている青銅器は、実に数が多いのでありますが、毛公鼎から宣王期の彝器に至るまで、最後の時期に至るまで、青銅器文化の精髄を保って、その銘文は百代に残すに足るというような、優れた雄渾なる文章であります。こういうものを残した西周の時代は、今からみても私はまことに美しいと思う。孔子が「周は二代に監《かんが》みて郁《いく》郁乎《いくこ》として文なる哉《かな》」と言ったのは、本当に彼の実感であろうと思う。また「甚だしい矣《かな》、吾が衰へたること。久しい矣《かな》、吾れ復た夢に周公を見ず」と言ったのも、宗教者としての孔子の立場から、周公の指導力をそれほどにみていたのであろうかと思います。

だいたい歴史というものは、あとから考えると美しくみえるものです。これは時間というものが、一種の濾過作用をして、昔の醜いところを消し、よいところを更に増幅して美化するという作用がある。これは歴史だけに限らない。たとえば東洲斎写楽の絵は、今では金がくすぶって奥ゆかしく重厚な、奥行きのある色感を表わしているけれども、あれが作られたときには、金ピカであったはずです。金ピカの東洲斎写楽を見ても、おそらくわれわれは大きな感銘は受けないだろうと思う。しかし歴史がその写楽の作品に時代色をつけて、時代的に風化して、それを更に立派なものにした。もともと立派なものでなければ、立派なものになるとは限らんのですよ。それに値する内的な価値をもつものならば、その価値が時代とともに立派になる。歴史とともにものは変わる。芭蕉の俳句などでも、当時においては、もっと軽みがあるものとして受けとめられていたのではないか。われわれはみな、歴史の時間を経過して、歴史的に変容された姿を見ている。しかし歴史的に美しく変容されるというものは、本来そのような可能性をもっているということです。西周の時代が、もし孔子があのように讃嘆するほど、理想的なものでなかったとしても、孔子の時代において、すでにそのように理想化されるほど、歴史的に美化されるほどの内容をもつものであったというふうに、私は思うのであります。

そういうことを考えますと、われわれの責任というものは、ただ現在に生きるというだけではない。現在に生きることによって、将来の歴史の作用に耐える、歴史の美化に耐える、そういう文化、そういう社会、そういう政治、そういう国でなければならないと、私は思う。そういうことを考えますと、今のわが国は、非常にその基本を誤っていると思います。

私は長生きしていますから、皆さんよりだいぶ古い経験をもっています。第一次大戦からの記憶があるんです。それからのち、私はだいたい研究室に閉じこもって、窓から外は知らないことにしておりましたが、しかしいくらかずつ耳に入ることはあった。軍部のあのはげしい横暴、上海事変、満州事変、蘆溝橋事件、北支事変というような調子で、事変・事件で片づけて宣戦の詔勅も受けずに、勝手に軍を動かした。これは国民に対する重大なる侮辱であり、憲法侵犯であります。しかしそれを咎める人は、必ずしも多くなかった。古くは尾崎咢堂《がくどう》、のちには斎藤隆夫《たかお》、あるいは中野正剛《せいごう》、そういう人たちが、議会で弾劾《だんがい》演説をやった。これは大権侵犯ではないか、詔勅を仰がずして戦争をやるなどというのは、国際法規に反するのではないかというようなことを、さかんに言った。しかし斎藤氏などはたいへん圧迫を受けて民政党を離脱、中野正剛のごときは、軍部の圧迫を受けてのちに割腹自殺をした。代議士でありながら割腹自殺をした。そういう事実を皆さんはあまりご存知ないかもしれませんが、私は民政党の代議士の家におりましたから、いくらかそういう消息に通じていた。あまり世間に漏れないようなことも、私にはいくらか耳に入ってくることもあった。なぜ昭和天皇はあの軍部の横暴を抑止することができなかったのか。これは立憲君主として、あの方はイギリスで立憲君主の道を学ばれた。立憲君主の道を学ばれた以上、衆議に背くことはできないというので、おそらくあの開戦の詔勅も、非常に不本意な気持ちで出されたのではないかと思う。当時われわれの間には、もし天皇がこれを受けなければ、おそらく事変が起きたであろうというような話も、耳にしていたのです。秩父宮あたりを擁立するという動きがあった。そういうことを私は聞いておりました。今こういうことを申しあげてよいのかどうか分かりませんけれども、私のごとき者にもいろいろ耳に入っていた。

また私は、配属将校なんかとも親しくして、いろいろ軍の話を聞きました。上海事変、満州事変以後の、ああいう戦争の仕方が、全部軍部の策動によるものだということを、配属将校なんかもいくらか知っていたようで、私がいろいろ尋ねると、それとなしにそういうことは言っていた。これは周知の事実なのです。そういうことを重ねかさねて、挙句のはてに国土が焦土になるという、おそらく歴史上未曾有の惨憺たる敗北を喫して、しかもなお徹底抗戦で、国土を焦土にするというようなことをやって、降伏を肯んじなかったのは、誰のために肯んじなかったのだろうかと思う。今日、戦犯問題がいわれていますが、開戦のとき天皇は非常にお困りであったというような消息も聞いております。いよいよ御前会議で決定したとき、昭和天皇は明治天皇の御製をうたわれた。声高くうたわれたということです。

四方《よも》の海　みな兄弟《はらから》と思ふ世に　など波風の　立ち騒ぐらむ

という歌をうたわれた。これは明らかに反戦の歌です。天皇はご同意でなかったと私は思う。二年間で戦争は片付くなどといっていて、たしかに片付きましたが、これは国土を焦土として片付いたのです。こんな作戦計画をたてた人に何の責任もないといえるのですか。そういう人が軍神として祀られるというようなことが、本当にあってよいのでしょうか。私は必ずしも異を唱えようと思うのではありません。しかし上海事変以来の経過をずっと眺めてみて、こんなばかばかしい、無駄な戦争をと考えた。英米あわせてわが国の百倍以上の工業生産力がある。しかもその国は、直接攻撃の対象にはできない。そんな国を相手にして勝てるはずがない。向こうは百年戦争も辞せずという構えです。あの放送を聞いたとき、私と同席していた歴史を研究している方が、椅子から跳びあがって「えらいことをした」と叫んだ。その人は直感的に、ことの帰趨がわかっていたのだろうと思う。京都の師団長をしていた石原（莞爾）将軍も、それには反対であった。「満州国を経営すること五十年にして、初めて戦うべし」というのが、彼の主張であった。石原将軍は直ちに東条（英機）によって罷免された。わが学園の中川（小十郎）総長は、この石原将軍を迎えて、国防学の講座を開設し、学生に受講させた。中川先生もこの戦争がいかに無理なものであるかは、ご存知であったと思う。しかし先生は戦争の終わる一年前に、亡くなられた。幸いにして亡くなられたと私は思う。

私は今、殷周の歴史について、殷という時代が神聖王朝としていかに輝かしい時代であったか、いかに優れた文物を遺し、後世の歴史の上に充分な歴史的な蹤跡をのこしたかをお話しした。殷はそういう王朝であった。それからまた、周という王朝は、孔子によって讃嘆やむことのない優れた古代の王朝として伝えられている。今こうして遺物を見ましても、それに値する優れた国家理念をもった国であった。国滅びてのち、今から二千八百年ほども昔のことですね。しかしその王朝のことを、われわれがこういう考古学的な遺物を通じて追跡して考えても、これは充実した王朝であったといえると思う。今、大正期以後のわが国の歴史を、百年ののち、静かに私のような目で見る人があって、はたしてこれは美しい歴史と見えるであろうか。ことに近年のわが国の外交のごときは、子どもの喧嘩にひとしい。おそらくわが国の外交史上、このような醜態はありません。もっと相手のことも考え、自分のことも考え、お互いにその尊厳を傷つけないというような形で、外交は展開されるべきだと思います、「靖国なんかやめなさい」とよそからいわれて、「やめるもんかい」という、こういう形で今やっているわけですが、これは子どもの喧嘩です。およそ外交というべきものではない。後世に伝えて恥ずべきことであると思う。私は古い時代のことを調べて、しかも外国のことを主に調べる。中国のことを調べながら、いつも歴史は鏡であるという、まことに古くさい理念ですが、歴史は常にのちの時代の鏡である。同時にこの時代がまた、のちの時代にどのように評価されるか、評価されるべきか、そのことを念頭において、すべての人がその分野で活動をしなければならないと思う。日本人の素質には、まことに優れたものがあるのです。敗戦六十年にして、戦勝国の国々の科学、技術をはるかに凌ぐ、はるかに優れた発展をなし遂げた。これほど優秀な能力をもった民族は、他になかろうと思う。これだけ徹底的に打ちのめされて、これでもかというように立ち直った。ただこれを歴史の上に、政治史の上に、美しい過去の歴史として残すことができないことが、きわめて残念なことです。殷周の歴史を特に選んで皆さんにお話しようと思いましたのは、今では典型的と考えられる古代帝国、古代の理念的な理想的な国家としての周王朝のあり方、こういうものを考えまして、現代のわが国と対比してみますと、まことに心貧しい気持ちがする。恥ずかしくてたまらんという気持ちがするのです。いささか老年の私の気持ちを皆さまに訴え、のちに誇りうるような歴史を組みたてて行きたい。時代とともに美化されるような、そういう歴史でありたい。そういうことを考えているわけです。私は久しい間、書斎の外を見ることなくして、書斎のなかで暮らしてきた。まことに残念なことをした。もう少し世間のことに関心をもつべきであったと思いますが、今まさに余年を終えようとして、こういう機会に、皆さまに私の心に深く思うところを申しあげて、この二十四回にわたる講話を終わりたいと思います。

どうもご清聴ありがとうございました。（完）

解説――殷から周へ、歴史の証跡

小南一郎

この書物に収められているのは、白川静教授が、二〇〇四年秋から二〇〇五年の夏にかけて、文字文化研究所の主催により国立京都国際会館において行なわれた、四回の講演の記録をまとめたものである。白川教授は、文字文化研究所の所長として、二十回の予定で「文字講話」と題する講演を行なう計画を立てられ、中国古代の漢字について、その起源にはじまり、その特徴的なありかたについて、さまざまな方向から検討を加えた連続講演を行なわれた（「文字講話」I～Ⅳとして刊行）。その二十回にわたる講話が完了したあとにも、お話を続けてほしいという要望が強く、ここにまとめられている四回の講話を追加されたのであった。この講話を通して、教授の最晩年の漢字観をうかがうことができるであろう。

前二十回の講話では、漢字の特徴的なありかたについて、さまざまな方向から光が当てられている。それに対して、この追加の講話では、漢字の展開を歴史の流れの中で記述され、殷代の甲骨文を中心にした講演が一回、西周時代の青銅器の銘文、金文を中心とした講演が三回、行なわれた。いささか蛇足めくが、以下に漢字の形成期の歴史を大雑把に述べつつ、白川教授が、漢字の展開と社会との関わりについて、どのような点に特に注目しておられたのかを見てみたい。

中国の社会が、長い新石器時代の中で築き上げた基礎の上に立って、初期王朝体制へと展開をしたのは、二里頭《にりとう》文化期の中期のころだったと考えられる。世襲的な王権が初めて出現したのである。この時期に計画的な道路網を配した都市が造られ、その都市の中央部には、前面に儀礼のための広場を備えた宮殿群が建築された。青銅鋳造の技術が飛躍し、青銅祭器が出現するのもこの時期である。それまでの技術では、平たいナイフやボタンのようなものしか作れなかったものが、鋳型を組み合わせることによって、内部に空間を持った青銅製の容器が作れるようになった。その内部の空間に、最初期には酒が、少し時代が下ると肉なども満たされるようになって、それらが神々に捧げられた。中国独自の青銅器文化がここに誕生したのである。ただ、文字について言えば、陶器の上に刻された符号は遺されているが、正式に文字と呼べるようなものは、この時期の遺跡ではまだ発見されていない。

二里頭文化の中心は洛陽の東方にあり、その文化は主として西北方向に広がっていた。この二里頭文化を引き継いだ二里崗《にりこう》文化は、もう少し東方に位置する鄭州に中心を置いていた。鄭州商城と呼ばれている遺跡は、宮殿群を中心に、内城と外城との二重の城壁をめぐらせた都市遺跡である。白川教授は、東方の山東地域に起源した殷族（すなわち商族。かれら自身は商と称していた）は、この鄭州に入って、その力を養ったのだと考えておられる。

殷族が、鄭州から黄河を北に渡って、安陽に根拠地を移したのは、教授も云われるように、北方の異民族の侵攻に対処するためであっただろう。時代区分で言えば、それ以後が安陽殷墟文化期と呼ばれる。北方に移った殷族は、まず洹北商城と呼ばれる都市を築いたが、そのあと殷王の武丁のころになって、すぐ南に隣接する殷墟の地に宗教的な性格の強い宮殿群を建築し、そこを宗教的な統治の中心としたのであった。現在から知りえる中国の最も古い漢字である甲骨文字が出土するのも、その大部分がこの殷墟の地からである。殷墟文化の最初期の甲骨文字の力強い書法にも反映されているように、殷王武丁は有為の君主であった。白川教授は、武丁のもとにいた貞人（占卜を担当する役人）たちによって、初めて漢字が作られたのではないかと想定しておられる。

この四回の講演では、殷王朝の王権の性格について、日本の古代王権と共通するところが多いことが強調されている。殷代の甲骨文について述べた最初の講話が、青銅器に鋳出された「図象」分析から始まるのも、それと関連している。青銅器の銘文が文章のかたちを成すようになるのは、実は殷代の最末期、紂王のころのことである。それ以前の青銅器に見えるのは、符号的な「図象」だけか、それに祖先名が組み合

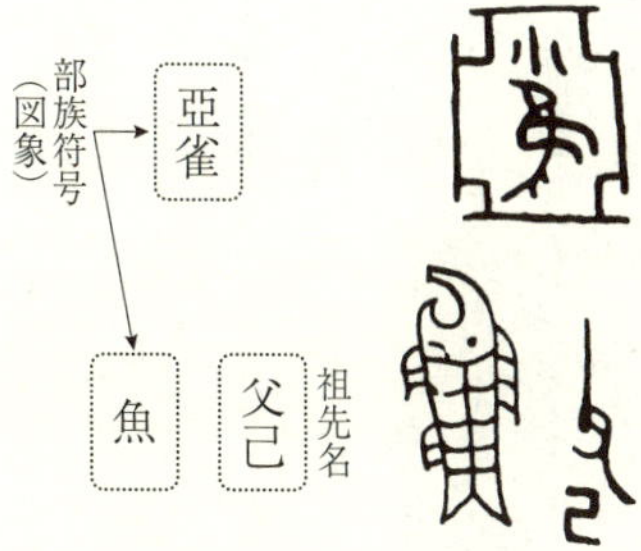

亞雀魚父己壺

わされただけの簡単な内容に止まっている。付言すれば、漢字を用いて文章を書くことは殷墟期の最初から可能であった。しかし青銅器の銘文が文章のかたちを取るようになるのは、それから二百年ほど遅れる殷代末年のことであった。文字があるから文章が書かれるのではなく、社会的な環境が文章を書くことを求めることが知られよう。

白川教授の云われる「図象」は、部族符号（中国語で族徽《ぞくき》、英語でクラン・サイン）などとも呼ばれるが、教授はこれを殷王権の下にあった部族的な職能集団を表わす記号であると考えられている。その職能集団の性格は、日本古代の部集団（犬飼部や服部など）と近いものであったと推測されるのである。あるいはまた、王権内部で近親婚姻が盛んであったことも日中古代王権で共通すると指摘される。甲骨資料を用いて復元される殷王の系譜を見れば、一代おきに丁と呼ばれる王が即位する傾向があったことが知られる。そのことを基礎に、殷王朝内部で交差イトコ婚が行なわれ、王権が丁・丙集団と乙・甲集団との二大グループの間でやり取りをされていただろうことを指摘したのは、ハーバード大学の張光直教授である（張教授の『中国青銅時代』一・二は、和訳本が平凡社から出版されている）が、白川教授は、その説を援用しつつ、日本古代の王権継承との共通性を指摘されたのであった。

また中国南方、洞庭湖南岸の寧郷の地で殷末の青銅器が山地に埋納されている例を挙げ、日本古代の出雲荒神谷の青銅器埋納などの例と比較しつつ、青銅器が具えていた他族を呪鎮する宗教的な力についても、共通するところがあったと論じられる。青銅器に付けられる饕餮《とうてつ》紋様もまた、呪的な効果を持ったものだと指摘されている。

甲骨資料が、占卜の結果を単に記録したものではなく、殷王が行なう占卜が時間を祓攘《ふつじょう》する呪的な行為であったという主張は、教授の最初期の論文にすでに見えるところであり、殷王の呪的な性格の強い統治が、殷文化全体を特徴づけていたと、この講演でも強調されている。

殷王朝の末王である紂（帝辛）について、史書では、酒池肉林を行なったとか、寵姫の妲己の言いなりになったとか、悪王の典型のように描かれている。しかし、甲骨資料から見るならば、その時期の甲骨文の書体の均整さにも象徴されるように、積極的な統治を行なう王者であったと推測される。その紂王が殷の故地である東方地域の安定のために力を注いでいる隙をついて、西方から攻め込んだ周族が殷の都を攻め落としたのであった。

周族は、殷の都を陥落させたが、そのまま中原地域を保持するだけの実力は持たず、洛邑（洛陽）に軍事基地を遺したりはしたが、周の武王は、陝西の故地に引き上げて、間もなく死去する。周の政権がまだ不安定な時期に、周王朝の屋台骨を支えたのが、周公と召公であった。儒家の経典では周公が聖人の一人に数えられて著名であるが、金文資料の中にしばしば見えるのは、むしろ召公の方である。召族は、殷代以来の雄族で、元来は宗教的な職務にたずさわる部族であったと推測されるが、周代に入り、軍事集団的な性格を強めていたことが、金文資料を通してうかがわれる。

白川教授は、西周王朝の統治が、殷王朝の呪的統治とは根本的に性格を異にするものであったことを強調される。その差異は、両者が尊崇する天神、殷の帝と周の天との違いにも反映されている。殷代の帝が人格神としての性格が強いのに対して、周の人々が尊崇した天には理知的な性格が強いと、教授は指摘する。周代の天は、支配者が保持する徳に感応して天命を下し、天下の統治を委託するとされた。こうした天命や徳の観念が周代の文化全体を彩ることになったのである。

ただ、西周時代の初年には、なお殷文化的な要素が多く残存していた。教授は、西周時代を三つの時期に分けて論じられているが、その前期は、国家創生の活気にあふれた時期であると同時に、殷文化と西周文化とが混淆した時代でもあった。西周王権は、国家統治の基礎を固めるために諸侯を封建したとされるが、発掘された墓葬の状況などを通して、その封建が、殷代の制度を温存しつつ、その上に西周の統治制度がかぶさったものであったことが知られる。

西周独自の文化が社会に定着したのは、その中期においてであった。そのことを典型的なかたちで表わすのが、白川教授が「廷礼」と呼んでおられる、官位任命の際の冊命儀礼が確立したことであった。周王が、宗廟などにおいて、有力な臣下に対し、おまえの祖先が国家のために励んだように、おまえも忠誠を尽くすようにと云って職務を授け、そのことを記した冊書を手渡す儀式が「廷礼」である。その冊書の内容を銘文にした青銅器が、職務を授かった臣下たちによって作られた。そうした銘文の中に、天命や徳の観念が反映されており、西周王朝が、有力部族の祖先祭祀を国家統治の中に取り込んでいた様相をうかがうことができる。

西周時代の後期には、豪族たちの力が強まって、周王権と拮抗するまでになり、王権と豪族たちとの間の抗争が社会の混乱を招いたのであった。その混乱に異民族が介入して侵攻し、西周王朝は、陝西盆地の故地を放棄し、東方の洛邑に都を遷す。それ以後を東周時代と呼ぶ。西周末年の混乱の中で、王権強化のために努めたのが宣王であった。その宣王に対する評価は大きく分かれている。『詩経』には宣王の業績を讃える詩歌が多く留められる一方で、『国語』などには暴君としての姿が描かれている。王権側に立つか、豪族側に立つかによって、評価がまったく異なるのである。興味深いのは、この宣王の時代に篆書が作られたという伝説が遺ることである。秦の始皇帝が文字の統一を行なったように、王権の強化をめざす宣王も文字統一を考えていた可能性もあるからである。

このように西周時代末期は、混乱の時代であり、金文の中にも「天は喪を降した」と嘆声が書き留められている。しかし一方で、青銅器の銘文が最も長篇になるのも、この時代なのであった。その背景には、当時の人々に、時代の証跡を後代に遺そうとする使命感があったのだと白川教授は考えられる。われわれが歴史をふりかえるのは、そうした歴史の証跡を読み取り、現在という時代をも、歴史の中に位置づけて、深く考えるためだと強調しておられる。

白川教授が、西周の青銅器の銘文を論じるにあたって、しばしば暦法のことを取り上げておられることについても、少しだけ言葉を補っておきたい。この時代の暦譜を復元し、それを青銅器の年代づけのための基礎にしようとしておられるのである。西周の青銅器を年代づける試みは、主として考古学者によってなされ、青銅器の形態の時代的な変化を追うことによって新旧が判断されてきた。林巳奈夫氏の「殷周青銅器綜覧」は、西周の青銅器形態変化を三つの時期に分け、それぞれの時期をさらに前後二つに分けている。すなわち西周時代の青銅器は六つの時期のうちのどれかに属させることが可能なのである。西周時代が大雑把に三百年続いたと考えれば、五十年単位で、青銅器の年代を判定することができる。

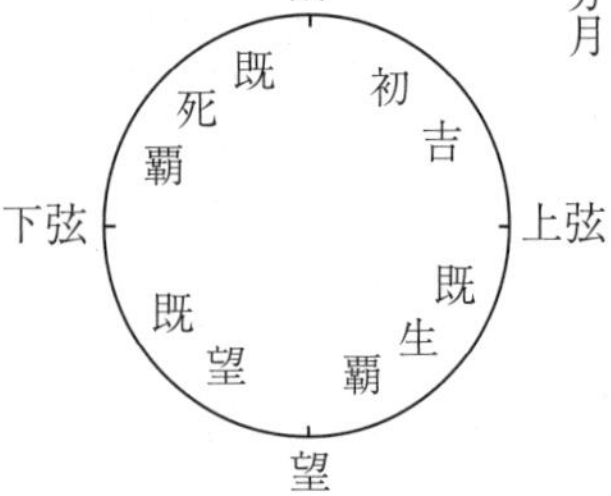

残念ながら、青銅器の銘文には周王の名が記されたものがほとんどない。「王の某年某月」と記され、その次に月相を表わすと考えられる言葉が付加されたあとに日の干支が書かれている。月相を表わすとされる言葉には、初吉、既生覇《きせいは》、既望《きぼう》、既死《きし》覇《は》の四つがあって、一太陰月を四つに割って、それぞれ七、八日の期間を表わしていると考えられる（四分月と呼ばれる）。この四分月の円環と六十日で回帰する干支とを組み合わせて、当時の暦を復元するのである。四分月と干支との組み合わせは、前後に七日ほどの範囲でずらすことができる。それに閏月を挿入し、周王の在位年数などを設定して、当時の暦が復元される。

このようにして、それぞれの王の時代の暦が復元できれば、考古学者が行なう五十年単位の年代づけよりずっと精密に、それぞれの青銅器に見える日付を、特定の王のなん年のなん月なん日かまで限定することができる。こうした作業は、めんどうで精神的にも疲れるものであるが、教授自身は、やってみれば案外に楽しいところもあるとしておられる。

白川教授と少し方法論を異にするが、わたし（解説者）も漢字の起源を探求し、その展開の特徴的な様相について考えようとしてきた。この講話の中で、教授自身、橋本循教授を介して、狩野《かの》直喜《なおき》博士の孫弟子なのだと云っておられる。わたしも、吉川幸次郎先生を介して、狩野博士の孫弟子に当たる。こうした関係を相《あい》弟子というのかどうかは知らないが、そうしたこともあって白川教授に親しみを感じ、お会いする機会があるごとに、ぶしつけな質問をしてきた。あるとき、教授から「おまえは、むつかしい質問ばかりする。解らないことには答えないぞ」と云われたことがある。

この講話がなされる一年前、二〇〇三年の初夏に、清水寺のご本尊御開帳の記念行事の一つとし、清水寺成就院の書院において、白川教授とわたしは公開の対談を行なった。その際の記録を読んでみても、わたしは、確かに答えにくい質問ばかりをしている。学問上の疑問を、白川教授にぶつけることによって、自分自身で問題点を明確化していたのかも知れない。教授が逝去され、学問上の先達を失って、とまどうところが少なくない。［万葉集］の言葉を借りて云えば、行くへを知らに、舎人《とねり》はまどうばかりなのである。

（こみなみ・いちろう／中国古代文化）

漢字字音索引

漢字総画索引

ら

わ

ま

や

は

な

た

さ

か

事項索引

あ

索 引

[著者]
白川静（しらかわ・しずか）
1910年、福井県福井市に洋服商の次男として生まれる。
小学校卒業後、大阪の法律事務所に住み込みで働きながら夜学へ通う。35年、立命館中学教諭となる。43年、立命館大学法文学部漢文学科卒業、同大学予科の教授となり、54年、同大学文学部教授。55年、[甲骨金文学論叢] 初集を謄写版印刷で発表、以後10集に及ぶ。56年より、阪神間の中国古典愛好者らが集い、後に「樸社」と名づけられる研究会で講義を始め、講義録は [金文通釈]（56輯までを84年に刊了。続編は[殷文札記] として書き下ろされ2006年刊行)、[説文新義]（全15巻、別巻1）として結実。60年、[稿本詩経研究]（3冊）を同じく謄写版で発表。70年、初の一般書 [漢字] を刊行。以後、[詩経] [金文の世界] [孔子伝] などを次々と書き下ろす。81年、立命館大学名誉教授。84年 [字統] を刊行、毎日出版文化賞特別賞受賞。87年 [字訓]、96年 [字通] を刊行。91年菊池寛賞、96年度朝日賞受賞。98年文化功労者として顕彰され、99年勲二等瑞宝章を受く。その後、[白川静著作集]（全12巻、2000年完結)、[白川静著作集別巻] 第Ⅰ期（[説文新義] 全8巻、03年完結)、同第Ⅱ期（[金文通釈] 全9巻、[殷文札記] 全1巻、06年7月完結)、同第Ⅲ期（[甲骨金文学論叢] 全3巻、12年6月完結）を刊行。2001年井上靖文化賞受賞、04年11月、文化勲章受章。2006年10月没。

平凡社ライブラリー 864

文字講話《もじこうわ》 甲骨文《こうこつぶん》・金文篇《きんぶんへん》

発行日…………2018年2月9日　初版第1刷

著者……………白川静
発行者…………下中美都
発行所…………株式会社平凡社
〒101-0051　東京都千代田区神田神保町3-29
電話　(03)3230-6579［編集］
(03)3230-6573［営業］
振替　00180-0-29639

印刷・製本……中央精版印刷株式会社
協力……………凸版印刷株式会社
ＤＴＰ…………平凡社制作
装幀……………中垣信夫

ISBN978-4-582-76864-0
NDC分類番号811　B6変型判(16.0cm)　総ページ232
平凡社ホームページ　http://www.heibonsha.co.jp/